HANGMINGSHI

东吴名家·艺术家系列丛书

杭鸣时访谈录

姜 红 著

《东吴名家》艺术家系列丛书
主　编　田晓明
副主编　马中红　陈　霖

丛书编委会（按姓氏笔画排序）
马中红　田晓明　杜志红　沈海牧　张建初
陈　一　陈　龙　陈　霖　徐维英　曾一果

学术支持
苏州大学东吴智库
苏州大学新媒介与青年文化研究中心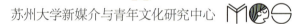

总序

留点念想

田晓明

在以"科学主义"为主要特征且势不可挡的"现代性"推进下,人类灵魂的宁静家园渐渐被时尚、功利和浮躁无情地取代了,其固有的韧性和厚度正日益剥落而变得娇弱浅薄,人们的归属感与幸福感也正逐步消失。在当今中国以"改善社会风气、提高公民素质、实现民族复兴"为主旋律的伟大征程中,"文化研究"、"文化建设"、"提升软实力"等极其自然地成为全社会关注的热门话题。作为一名学者,自然不应囿于自己的书斋而沉湎于个人的学术兴趣,应该为这一伟大的时代做点什么;作为一名现代大学管理者,则更应当拥有这样的使命意识与历史担当。

任何"以问题为导向"的研究总是不乏高度的历史价值、使命意识和时代意义,文化研究也不例外。应该说,我对文化问题的关注和兴趣缘起于自身经历的感悟和对本职工作的思考。近年来,我曾在日本、法国、德国、美国等发达国家进行学术交流或工作访问。尽管这些国家彼此之间存在着很大的文化差异,但其优良的国民总体素质却给我留下了深刻的印象。作为一名中国现代知识分子,我在惊诧之余,也就自然萌生出这样的问题:中华民族优秀传统为何在异国他乡能够得以充分彰显,却在本土当下鲜有表达? 2013年5月,我应邀赴台湾地区参加了"2013高等教育国际高阶论坛",这也是我首次台湾之行。尽管此行只有短短一周,但宝岛却给我留下了深刻印象:在日常交往中,我不仅深切感受到中华民族的优秀传统在台湾地区被近乎完整地"保留"下来,而且从错落有致甚至有些凌乱的古老街景中"看到"了隐含于其背后的一种持守和一份尊重……于是,我又想起了本土:新中国成立之后,我们在剔除封建糟粕的同时,几乎"冷落"甚至放弃了很多优秀的文化传统;在全面汲取苏联"洋经"的同时,也几乎完全失去了我们的文化自主性。"文革"期间,中华民族更是经历了一场"浩劫",对优秀传统文化的破坏自不必多言。改革开放以降,随着国门的"打开",中华大地在演绎经济发展奇迹的同时,中华民族的优秀传统却没有得到同步保留或弘扬,甚至还出现了一些沦丧的现象。这便是海外之行给我留下的文化反思与心灵震撼!

带着这份反思和震撼,平日里喜欢琢磨的我便开始关注起"文化"及"文化研究"等问题了。从概念看,"文化"似乎是一个人人自明却又难以精准定义的名词。在纷繁的相关阐述中,不乏高屋建瓴的宏观描述,也有细致入微的小处说法。可谓仁者见仁,智者见智。这就决定了文化研究具有内容丰富性、方法多样性和评价复杂性等特征。黑格尔曾作过这样的比喻:文化好似洋葱头,皮就是肉,肉就是皮,如果将皮一层层剥掉,也就没有了肉。作为"人的生活样式"(梁漱溟语),文化总是有很多显形的"体",每一种"体"的形式下都负载着隐形的"魂"。我们观察和理解文化,不仅要见其有形之体,更要识其无形之魂。体载魂、魂附体,"魂体统一"便构成了生机勃勃的文化体系。古往今来,世界上各地区、各民族乃至各行各业都形成了自己的文化体系,每一文化体系都是它自己的"魂体统一"。遗憾的是,尽管人们在思想观念上越来越意识到文化的重要性,但在日常生活和社会实践中,"文化"概念却被泛化或滥用了,正如人们常说的那样:文化是个筐,什么都能装。

从文化研究现状来看,我认为存在两方面的问题:一是文化研究面临着"科学主义"、"工具理性"的挑战和挤压;二是文化研究多是空洞乏力的理论分析、概念思辨,而缺少务实、可行的实践探索。一方面,在"科学主义"泛滥、"工具理性"盛行的当今时代,被称为"硬科学"的科学技术已独占人类文化之鳌头,越来越受到人们的顶礼膜拜。相比之下,人文社会科学在人类文化中应有的地位正逐步或已经被边缘化了,其固有的功能正日益被消解或弱化。曾经拥有崇高地位的人文社会科学已风光不再,在喧嚣和浮躁之中,不可避免地陷入了"软"科学的无奈与尴尬。即便是充满理性色彩、拥有批判精神的大学已经意识到并开始重视人文社会科学的教育功能与文化功能,但在严酷的现实语境中,也不得不"违心"地按照所谓客观的、理性的科学技术范式来实施人文社会科学教育管理和研究评价。另一方面,由于文化研究成果多以"概念思辨"、"理论分析"等形式表达,缺少与现实的联系和对实践的指导,难免给人以"声嘶力竭"或"无病呻吟"之感受。从一定意义上讲,这种苍白、乏力的研究现状加剧了人们视文化为"软"科学的看法。这无疑造成了文化研究和文化建设的困境与尴尬。

从未"离开"过校门的我,此时自然更加关注身陷这一"困境"和"尴尬"漩涡中的大学。大学,不仅是知识传授、探索新知的重要场所,也是人类文化传承与发展的主要阵地。她不仅运用包括人文艺术、社会科学、自然科学等在内的人类文化知识进行有目的、有计划、有步骤的高级人才培养,而且还直接担当着发展、创造与创新人类文化的历史责任。学界一般认为,大学具有人才培养、科学研究和社会服务三大功能。应该说,这样的概括基本涵盖了大学教育的主要任务。但在学理上看似乎还有值得商榷的地方。一方面,从逻辑上看,这三项功能似乎不是同一层次的、并列的要素。因为无论是培养高素质人才,还是产出高质量科研成果,都是大学服务社会的主要方式或手段。如果将社会服务作为单一的大学功能,那么是否隐含着人才培养和科学研究就没有服务社会的导向呢?另一方面,从内涵上看,这三项功能的概括本身就具有"工具化"、"表面化"的特征,并没有概括大学功能的深层的、本质的内涵。那么,有人会问,大学的本质到底是什么呢?我认为,在归根结底的意义上,大学的本质就在于"文化"——在于文化的传承、文化的启蒙、文化的自觉、文化的自信、文化的创新。因为脱离了文化传承、文化启蒙、文化创新等大学的本质性功能,人才培养、科学研究和社会服务都会成为无源之水、无本之木,而大学的运行就容易被视作为简单传递知识和技能的工具化活动。从这一意义上说,大学文化建设在民族文化乃至人类文化传承、创新中拥有不可替代的重要地位甚至主要地位。换言之,传承、创新人类文化应该是大学的历史使命与责任担当。

如果说,大学的本质在于文化传承、文化启蒙、文化自觉、文化自信和文化创新,那么,大学管理者的主要职责之一便是对文化的"抢救"、"保护"和"挖掘";这是现代大学校长应具有的文化忧患意识和文化责任感。言及大学文化,现实中的人们总是习惯地联想起"校园文化",显然这是对大学本质的误解甚至曲解。"校园文化"与"文化校园",不是简单的文字变换游戏,个中其实蕴含着本质的差异。面对"文化"这一容易接受却又难以理解的概念,人们总是无法清晰明快地表达"文化是什么";那么,我们不妨转换一下视角,或可以相对轻松地回答"什么是文化"、"什么是没有文化"或"什么是文化缺失"等问题了。大学文化,在于她的课上和课下,在于她的历史与现实,她的一楼一宇、一草一木、一砖一瓦、一人一事……她可能是大学制度文化的表达,可能是大学精神文化的彰显,也可能是大学物质文化的呈现。具体而言,校徽、校旗、校训等标识的设计与使用是文化校园建设的体现,而创建大学博物馆、书画院、名人雕塑等,则无疑是大学文化名片的塑造。我曾主持大学博物馆的筹建工作,这一令我"痛并快乐"的工作,让我感慨万千!面对这一靓丽的大学文化名片,我似乎应该感到一种欣慰、自豪和骄傲!然而,在经历这一"痛并快乐"的过程之后,我却拥有了另一番感受:在大学博物馆所展示的一份份或一块块残缺不全的"历史碎片"面前,真正拥有高度文化自觉或自信的大学管理者,其内心深处所感到的其实并不是浅薄的欣慰和自豪,而是一种深深的遗憾、苦苦的焦虑和淡淡的无奈!我无意责怪或埋怨我们的前人,我们似乎也没有太多的时间和精力去责怪、埋怨,因为还有很多很多事情需要我们去落实、来实现,从而给后人多留下一点点念想,少留下同样的遗憾。

这不是故作矫情,也不是无病呻吟,只有亲身经历者,方能拥有如此宝贵的紧迫感!这种深怀忧虑的紧迫感,实在是源于更深的文化理解!确实,文化的功能不仅在于"守望",更在于"引领",这种引领既是对传统精华的执着坚守、对现实不足的无情批判,也是对美好未来的理想而又不失理性的憧憬。换言之,文化的引领功能不仅意味着对精神家园的守望,也意味着对现实存在的超越。尽管本人并没有宏阔博大的思想境界,济世经国的理想抱负,腾天潜渊的百炼雄才,但在内心深处,我却始终拥有一种朴实而执着的想法:人生在世,"必须做点什么"、"必须做成点什么";如是,方能"仰俯无愧天地,环顾不负亲友"。然而,正所谓"前途是光明的,道路是曲折的",对于任何富有价值和意义的事情而言,"想法"变成"现实"的过程从来都不可能一帆风顺。在当下社会,"文化校园建设"则更是"自找苦吃"!

人生有趣的是,这一路走来,总有一些"臭味相投"的"自找苦吃"者,与你同行!一年前,我兼任艺术学院院长。在一次闲聊中,我不经意间流露出这一久埋心底的想法,便随即获得了马中红、陈霖两位教授及其团队成员的积极响应。于是,《东吴名家》(百人系列)的宏远写作计划便诞生了!

也许是闲聊场景的诱发,如此宏远计划的启动便从艺术学院"起步"了!其实,选定艺术学院作为起始,我内心深处还有两点考量:一是"万事开头难",既然事情缘起于我的主张和倡议,"从我做起"似乎也就成了一种自然选择,事实上,我愿意也必须做一次"难人";二是我强烈地感到时不我待,希望各个学院能够积极、主动地加入"抢救"、"保护"和"挖掘"文化的行列!尽管从本质上讲这是一种历史责任,但在纷繁的现实面前,这项工作似乎更接近于一种"义务"或"兴趣",因此,我不能有更多的硬性要求。于是,我想,作为艺术学院院长,我可以选择"从我做起",其示范和引领作用可能比苍白的语言或"行政命令"更为有力、更富成效。

当然,最终选择艺术学院作为《东吴名家》开端的根本想法,还是来自我们团队对"艺术"发自内心的热爱!因为,在我们古老的汉字中,"藝"字包含了亲近土地、培育植物、腾云而出的意思。这也昭示了艺术的本性:艺术来源于生活,但必须超越生活。或许也正因为艺术这样的本性,人们对艺术的反应可能有两种偏离的情形:艺术距我们如此之近,以致习焉不察;艺术离我们如此之远,以致望尘莫及。此时,听一听艺术家们的故事,或许会对艺术本身能够拥有更多、更深的理解。

英国艺术史家贡布里希在其《艺术的故事》开篇中有云:"实际上没有艺术这种东西,只有艺术家而已。"在各种艺术作品的背后,站立着她们的创造者,面对或欣赏这些艺术作品,实际上就是倾听创造她的艺术家,并与艺术家展开对话。这样的倾听与对话超越时空,激发想象,造就了艺术的不朽与神奇。也正是这种不朽与神奇,催生了《东吴名家》的艺术家系列。

最先"接近"的五位艺术家大家都不陌生:杭鸣时先生,被誉为"当今粉画巨子",以不懈的努力提升了粉画的艺术价值;杨明义先生,浸淫于江南文化传统,将西方透视和景别融进水墨尺幅,开创出水墨江南的新绘画空间;梁君午先生,早年在西班牙皇家马德里艺术学院学习深造,深得西方绘画艺术的精髓,融汇古老中国的艺术真谛,是享誉世界的油画大师;张朋川先生,怀抱画家的梦想,走出跨界之路,在美术考古工作和中国艺术史研究中开辟了新的天地,填补了多项空白;华人德先生,道法自然,守望传统,无论是书法艺术,还是书学研究,都臻于至境。五位大师的成就举世瞩目,他们的艺术都有着将中国带入世界、将世界融入中国的恢宏气度和博大格局。

五位艺术家因缘际会先后来到已逾百年的东吴学府,各自不同的艺术道路在苏州大学有了交集和交融,这是我们莫大的荣幸。他们带来的是各自艺术创作的历练与理念,艺术人生的传奇与感悟,艺术教育的热情与经验,所有这些无疑是我们应该无比珍惜的宝藏,在这个意义上,"艺术家系列"的写作与制作也可谓一次艺术的"收藏"行动。

"收藏"行动将继续进行,随着"同行者"的不断加盟,《东吴名家》(百人系列)将在不远的将来"梦想成真"!为了这一美好梦想,为了我们的历史担当,也为了给后人多留点念想、少留点遗憾,让我们携起手来……

杭鸣时

　　杭鸣时,祖籍浙江海宁,1931年生于上海,毕业于鲁迅美术学院。曾任苏州美术家协会副主席,中国美协水彩画(含粉画)艺术委员会副主任,全国水彩、粉画展评委,"杭鸣时粉画艺术馆"名誉馆长,苏州美术家协会名誉主席、教授。在美术领域涉足专业很广,主要艺术成就共分三个阶段。20世纪五六十年代主攻水彩,《农村俱乐部的小读者》《东北大娘》《小女孩》《井冈山象山窟》等作品相继作为水彩画临本出版。1964年创作的《工业的粮仓》入选当年全国综合性美术大展后被中国美术馆收藏,并入编《中国新文艺大系·美术卷》,被同行誉为"百年经典"。70年代画年画,《草原铁骑》首版印刷180万份,创"文革"前单幅画首版印刷之最。并连续十年受全国各地出版社邀请举办擦笔水彩年画培训班,培养了一大批新年画骨干,成为当之无愧的擦笔水彩年画"教师爷"。70年代后期,受艺术前辈丁正献教授振兴粉画的嘱托,放弃大有所成的水彩,全身心投入粉画创作与传承至今。1984年,粉画作品《泳装少女》入选第六届全国美展,被评为优秀作品,开创了粉画入选全国综合性美展的先河。粉画《柯桥夕照》《山城》《水乡蝉声》相继在美国粉画展上获奖,被誉为"粉画巨子"。我国著名的美术史论家朱伯雄评论他的粉画人体堪称一绝。在杭鸣时的奔走呼告下,中国美协和苏州市政府在2003年举办了首届全国粉画展,并成功促成2011年举办"第二届全国粉画展"。同时,"杭鸣时粉画艺术馆"(苏州粉画艺术院)落成揭牌,为中国粉画的繁荣和发展提供了更大舞台。

他人笔下的杭鸣时：辽宁师范大学美术学院教授谷钢所作杭鸣时粉画肖像。

他人笔下的杭鸣时：鲁迅文艺学院教授许荣初速写杭鸣时。

他人笔下的杭鸣时：西班牙艺术家奥雷里奥 · 罗德里格斯 · 洛佩兹 2014 年所作的杭鸣时肖像。

杭鸣时和妻子丁薇。

目　录

001　总序
　　　留点念想

特稿

003　朴素而天下莫能与之争美

专访

027　出生书香门第
028　祖父的"直辖市"
033　绘画天赋崭露头角
037　老照片中的光景
048　杭氏家风一脉相承

057　开启绘画人生
058　父亲不可磨灭的影响
071　从稚英画室出发
079　参加文艺土改队
082　潜心鲁艺遍访名师
090　艺术杂家

095　从来没有放弃画画

100　年画—水彩画—粉画三部曲
101　创新擦笔水彩新年画
111　开启水彩画创作新路
126　痴迷粉画

166　毕生追求真善美
167　生命中最重要的另一半
174　不仅仅是儿子
187　缘定苏州
195　博采众长，雅俗共赏

他人看他

207　丁薇：他的世界里只有粉画

223　柳新生：只要能传播粉画，他什么都在所不辞
226　陈浩：他把生命投入粉画
231　姚殿科：一日为师，终身为父
237　包于飞：他是粉画实践者、引领者、指导者和教育者

附录

241　粉画人生(纪录片脚本)
248　杭鸣时年表

255　**参考文献**

256　**后记**

特稿

朴素而天下莫能与之争美

第一次访谈杭鸣时,正逢杭鸣时粉画捐赠作品展在苏州"杭鸣时粉画艺术馆"展出。他身材高大,除了披肩头发有些稀疏外,双目炯炯有神,声音洪亮,步伐稳健,完全不是耄耋老人的样子。他举手投足间淡定从容,语言平和朴实,没有一丝一毫矫揉造作,全无艺术家高高在上的范儿。经常性的幽默和爽朗的笑声,让我被这个名副其实的老顽童感染,之前的距离感瞬间拉近,第一次见面的小小拘谨也一扫而空。

之后的几次访谈,无论是在他的斗室,还是在"杭鸣时粉画艺术馆",或者是在苏州科技学院的工作室,他精力旺盛,思维敏捷,往往是一上午几小时的采访结束,中午小憩之后,下午又神清气爽地和我畅聊起来。

我们之间更多的是像拉家常。他烟不离手,侃侃而谈,大家风范。你却听不到高深莫测的艺术主张,也没有多少宏大精深的道理,只有质朴的语言,就像和邻居家智慧的长者聊天。就在这朴实的言谈中,杭老波澜壮阔的人生渐次展开。

我要为粉画而鞠躬尽瘁

很难想象,一个惜画如命的人愿意将他毕生呕心沥血创作的精品力作捐献出来。第一次访谈,杭鸣时陪着我们参观了他捐赠的 68 幅粉画作品。艳丽热烈的色彩与柔和细腻的笔触,纤毫毕现、精细入微的画面一下子吸引了我,或宁静质朴,或浑厚端庄,或单纯简约,或灵动率真,让我沉浸在粉画艺术的殿堂当中,久久不能言语。我问老人,为什么愿意如此无私地捐献出六十多年职业生涯中引以为豪的作品。他的回答非常平静:要趁自己在见马克思之前,让自己的这些作品更好地服务大众,推动粉画在中国的发展。面对他掷地有声、坦荡磊落的回答,我想到了"蜡炬成灰泪始干"这句诗。是什么样的力量支持一位八旬老人义无反顾地燃烧自己,照亮粉画?他的回答很简单:对粉画的热爱,对传承粉画的责任。粉画已经彻彻底底融入他的血液和生命中。他不是为粉画而生的,但注定要为粉画而奉献终身。

水做的苏州,从两千多年前开始,绵延至今。在山塘街、上塘街、胥江、环古城河4条运河古道的环绕孕育之下,数百年间,苏州渐成"风土清嘉之地","名士多居之"。在上海开埠以前,苏州是长江三角洲地区重要的商业城市,人文荟萃,底蕴深厚,不仅影响临近的上海,甚至抵达岭南的广州。从民居建筑、造园叠石、琴棋书画到画舫花木,五彩斑斓的吴地生活艺术和情调孕育了多姿多彩的吴地文化,被晚明画家陈继儒归纳为"吴趣"。对于粉画和苏州的因缘际会,杭鸣时说,这归结为"缘分"二字,既是三十年前自己从鲁迅美术学院[①]到苏州的选择,更是苏州吴趣文化与粉画的缘分。

关于苏州与粉画的结缘,苏州市文广新局党委书记、局长陈嵘在杭鸣时伉俪粉画展画册的序言中有一个非常好的注解:"粉画没有拉开与油画和水粉的区别,同时并不避讳在其他画种间游弋,保持着一个客观和公允的认识,也表达了一种张弛有度的态度。这种折中的态度,某种程度上与苏州的地域气质非常相契。吴文化传承有序,就在于苏州一直涌动这种不拘成规、独辟蹊径的氛围,古为今用,洋为中用,终于在某个特定时空中集大成者。"

2003年,杭鸣时四处奔走呼告,赢得了苏州市政府的鼎力支持,促成中国美术家协会在苏州举办了"中国首届粉画展",这是中国粉画的第一次全国性大型正规展览,展出的150余件作品是从全国各地选送的1300余件作品中遴选出来的。这次展览还展出了国际粉画家和中国已故粉画家的作品,作品之多、质量之高都出人意料。至此,由画种群体办小型展览的历史彻底结束,粉画创作揭开了全新的篇章,小画种终于有了自己的大舞台。

---

①鲁迅艺术学院于1938年建于延安,由毛泽东、周恩来等老一辈无产阶级革命家亲自倡导创建。1946年,鲁艺先后迁校至齐齐哈尔、佳木斯、哈尔滨和沈阳,曾更名为东北鲁迅文艺学院。1953年,以美术部为基础组建成东北美术专科学校,建址于沈阳南湖。1958年发展为鲁迅美术学院。

谈及当初筹备首届粉画展的艰辛,他说,为了让更多人了解粉画,他不惜以画作为"诱饵",免费送出去50多张粉画作品。一句话,只要对粉画发展有利的事情,他在所不辞。他透露了一个"拦车告状"的细节。当时正值苏州市文联换届会议召开,为了让苏州市主要领导早日拍板此次粉画展,他就在市政府大院里的小桥旁边耐心等候,这里是市领导散会出来的必经之路。当时任苏州市政府主要领导从会场出来准备上车时,杭鸣时拦住了他,向他提出拟在苏州市举办首届中国粉画展的构想。后又经时任市人大副主任陈浩的引见向市政府领导作了一次详细的汇报,最终促成了政府有关部门力排众议,下定决心,也就有了2003年苏州市政府和中国美协联合举办的中国首届粉画展,为粉画在苏州乃至全国的蓬勃发展奠定了基础。对于这样一件在中国粉画发展史上具有里程碑意义的事件,他现在谈起来有些"好汉不提当年勇"的云淡风轻。但说完这些的时候,他的眼光颇有些"狡黠"地看着我道:"我身上有些匪气,逼上梁山了,就豁出去了。"

时隔8年之后的2011年,他再次促成中国美协和苏州市政府举办"全国第二届粉画展",并同时举办"杭鸣时粉画艺术馆(苏州粉画艺术院)"揭牌及捐赠仪式。这是苏州继颜文樑纪念馆、吴作人艺术馆之后,第三个以个人名字命名的公共艺术馆,也是唯一以健在艺术家名字命名的公共艺术馆。

他说,粉画艺术馆的意义并不在于是以自己的名字命名,而是有了一个可以相互交流学习的平台。同行们来到这里,激动地说这里是粉画创作者的家,苏州就是粉画的"革命根据地",不再是散兵游勇孤军作战。苏州将作为全国粉画发展的基地,粉画星星之火可以燎原。说这话时,他的两眼放光,神采奕奕,我有些分不清眼前端坐的究竟是80多岁的老人还是20多岁血气方刚、挥斥方遒的少年。

因了张继的千年绝唱"姑苏城外寒山寺,夜半钟声到客船",人们会不远千里首选来到苏州聆听新年祈福的钟声。如今,人们要追寻粉画的前世今生,首选也会来到苏州。或许,半个世纪前颜文樑先生的粉画《厨房》在法国一举获得沙龙奖时,冥冥之中就已经昭示粉画与苏州的不解情缘。粉画,已然当之无愧地成为苏州的另一张名片,在苏州这样一个百花齐放、姹紫嫣红的艺术胜地,摇曳生姿,馥郁满园。对于杭鸣时而言,苏州无疑为他的粉画人生推波助澜,添上了浓墨重彩的一笔。

从这个意义上说,杭鸣时不仅是粉画大师,更是粉画教育大师,还是粉画传承大师。如果说他的父亲杭稚英不仅中西融合,博采众长,把擦笔水彩月份牌画的艺术创作推向难以企及的巅峰，更打造出了稚英画室这一上海最早成功的现代商业美术机构，在近代商业美术发展史上拥有不可或缺的一席之地；那么，杭鸣时和父亲异曲同工，不仅凭借精湛的艺术造诣在粉画创作上勇攀高峰，在粉画的推广传承上，他和刘汝醴、黄养辉、卢鸿基等一批粉画家为粉画的振兴奔走呼告，继丁正献、连逸卿之后成为推动我国粉画艺术走向全面发展新阶段的主帅，使得粉画由默默无闻的小画种开枝散叶，茁壮成长。

杭鸣时粉画的启蒙老师是他父亲的学生、后来成为他姨父的李慕白先生。在杭鸣时母亲王萝绥30岁生日时，李慕白为她画了一幅粉画肖像。杭鸣时对这幅画当时的创作不太有印象，母亲的这张色彩淡雅、形象俏丽的肖像画，最初是挂在上海永安公司的文房部作为招徕广告之用的。很多人都是通过这张画初识粉画之妙，并和粉画结缘。这幅画也一直陪伴他走过人生的风风雨雨，历经岁月洗礼。今天看来，画面里母亲恬静端庄的仪容透露出绚烂至极的平淡，温暖慈爱的眼神穿越尘封的岁月直抵人心。他说，对于很多担心粉画保存问题的人来说，母亲这张栩栩如生的肖像画就是最好的证明，粉画收藏不惧岁月。

1962年，杭鸣时从沈阳回到上海，李慕白送给他一盒有200多种颜色的法国铁锚牌粉画笔和两张带有羊绒成分的法国粉画纸。当时，他舍不得动用这些弥足珍贵的粉画纸，就在鲁美不到9平方米的斗室中，用从五金公司买来的墨绿色金相砂纸试着画小张人物肖像。粉笔饱和的色彩、对各种质感的极强的表现力让他对粉画的喜爱一发不可收。1980年，他完成了表现女体操运动员的《上杠之前》这幅处女作，接着又创作了《鲁迅在版画展上》。谈及对粉画的一往情深，杭鸣时有些激动，他觉得粉画就是一个养在深闺人未识的少女，只要和她一朝邂逅，无不被她艳丽的气质与独特的情怀所打动。

至此，杭鸣时和粉画开始了一场旷日持久轰轰烈烈的"恋爱"，并结下了一个个丰硕的果实。一方面因为家学渊源，他从父亲月份牌画中汲取绘画技艺，一方面结合后来在鲁美系统的学院派素描教育培训，两者相得益彰，再博采众长，融入自己对绘画独特的理解和创新。我国著名的美术史论家朱伯雄[2]评论他的粉画人

---

②朱伯雄(1932—2005)，中国著名的美术史论家、教育家、翻译家，任美国哈佛大学文理学院美术史论系客座教授，马来西亚艺术学院客座教授。

体堪称一绝,严谨的写实功力,娴熟的运色技巧,粉画人体的皮肤真实、柔和、细腻得就像有温度,会呼吸一样。匠心独运的艺术构思和创作加工,用心灵表现目光难及之处,赋予作品生气与灵魂,使得粉画显示出其独具的艺术魅力。他把粉画技艺与人生思考融为一体,在粉画纸上汪洋恣肆地展示出他对生活的理解,在他手下,画笔有灵魂,作品有风骨。著名国画家宋雨桂[3]给他出版的《经典色粉画》一书题词:"鸣时粉画天下一绝,纵观画坛无出其右者。"

1984年,杭鸣时的粉画作品《泳装少女》入选第六届全国美展,被评为优秀作品,开创了粉画入选全国综合性美展的先河。1998年,他的粉画《柯桥夕照》荣获美国第26届粉画大展一等奖,这是继颜文樑先生的《厨房》获法国沙龙奖后,第二位获得国际大奖的中国粉画家。1999年,粉画《山城》入选第27届美国粉画大展,获专业画家联盟颁发的"优秀画家奖"。2001年粉画《水乡蝉声》入选美国第29届粉画大展,获德加粉画学会颁发的优秀奖。接二连三在美国获奖,被誉为"粉画巨子",使他获得了以后参展作品可以免审的资格,并成为美国粉画协会会员、国际粉画协会会员,所有这些也奠定了他在国际粉画领域的影响和地位。

如果故事只是到这里,那杭鸣时也就是在粉画的世界里流连忘返、乐享其成而已,既不可能有今日的"杭鸣时粉画艺术馆",也不可能有今日中国粉画星火燎原的蓬勃发展。

他说,他要的不是自己的一花独放,万紫千红才是春。这令人想起他的父亲杭稚英。杭稚英刚刚琢磨擦笔水彩月份牌的画法时,一直百思不得其解比他早采用此技法的画家郑曼陀[4]是怎么作画的,几次三番请教,对方总是避而不谈。后来自己琢磨出是用炭精粉代替墨色渲染这一窍门后,又对技法进行改进,用原本修补照相底版和印刷制版的喷笔来调整画面色调,表现色彩的细腻过渡,使画面虚实有致,主次分明。一时间,同行们对此钦羡不已,凡是登门请教的,杭稚英都会

---

[3] 宋雨桂,历任辽宁画院专业画家,辽宁美术馆馆长,辽宁美术家协会主席,辽宁省文联副主席。现为民革中央画院院长、中国美术家协会理事、辽宁省文联副主席、辽宁美术家协会主席、国家一级美术师、辽宁省政协常委、民革辽宁省副主委。中央文史馆馆员。

[4] 郑曼陀(1888—1961),中国近代广告擦笔绘画技法的创始人,民国时最杰出的广告画革新者。名达,字菊如,笔名曼陀,安徽歙县人。陆续创作了《杨妃出浴图》《四时娇影》《醉折花枝》《舞会》《在海轮上》《架上青松聊自娱》等描绘历史人物和摩登女性生活、脂粉气极浓的作品。

毫无保留地告诉对方自己所用技法,并且当场示范,直至对方弄懂学会。为什么他不怕泄露天机,除了对自身实力的自信之外,他更懂得,好的技法只有让更多的人了解掌握,才能创造出月份牌画的新天地。而且,新的技法会层出不穷、不断创造,如果墨守某一种技法,势必学不进其他新的技法,就会被淘汰出局。

和父亲杭稚英当初广泛传播月份牌技法如出一辙,为了让更多人学习粉画技法,杭鸣时举办了多期粉画研修班,并应邀去各地大专院校以及美术爱好者群体中示范粉画技法,为我国培养了一批粉画骨干。现在,他的一些学生已经在各自的高等院校开设了粉画必修课和选修课,他撒播的粉画种子,正在各地生根发芽,开花结果。

为了壮大粉画队伍,他总是利用一切机会,不厌其烦地逐一给作者打电话,写信,寄作品,送粉画工具材料,用一腔热情去感召对方。为了让他的学生、鲁美副教授姚殿科退休后能研习粉画,他前前后后花费14年时间,锲而不舍地沟通,希望他能拿起粉画笔创作粉画,画出自己70年的审美取向和文化修养。在姚殿科对艺术创作感到迷茫时,杭鸣时亲自把王国维的《人间词话》寄给他,希望他在书中寻求答案。最终得偿所愿,不仅姚殿科的粉画作品开始小露锋芒,他还鼓励周边的朋友一道创作粉画,2014年8月,他特意把在韩国定居回国探亲的女儿带到苏州向杭鸣时学习创作粉画。如此这般,如今全国的粉画创作人数已经从当初的800多人增加到3000多人。

2011年落成的"杭鸣时粉画艺术馆",为宣传展示粉画提供了新的平台。在这里,每月都举办一次粉画沙龙,每次杭鸣时都亲自现场示范静物或人物写生,并与美术爱好者进行面对面交流。还有各种不定期举办的国内外粉画邀请展,孕育着如火如荼的粉画发展氛围,推动着国内外粉画学术交流和发展。

2012年,央视《书画频道》来苏州合作拍摄了24集《杭鸣时粉画教学片》,把他几十年潜心实践探索的粉画技法记录下来,传播出去,有益后学。2013年12月"中国粉画艺术网"开通运行,中国粉画学会前期筹备工作也在准备当中。

2014年首届中国大学生粉画作品展在苏州"杭鸣时粉画艺术馆"举办,全国64所高校共有349人有效投稿443件,覆盖全国25个省、市、自治区。参赛作品涉及题材广泛,表现形式多样,兼具艺术性和观赏性,已具相当水平。大学生群体的踊跃参与和高品质的粉画作品,充分证明了粉画发展后继有人。杭鸣时这么多年的奔波努力也得到了最好验证。他说,粉画就是他的孩子,从尚在襁褓到蹒跚学步,从牙牙学语到成长为活力四射的少年,每一步都不容易,每一步都让他欣喜。

他就像一座灯塔,用几十年积蓄的能量,默默吸引愈来愈多的人加入粉画创作的队伍,照亮前行的道路,指引前行的方向。对于粉画今日方兴未艾的喜人局面,他淡定地说"众人拾柴火焰高",他只是做了自己该做的,践行了自己25年前的承诺。

1919年,李超士将粉画自法国传入中国,很快风靡上海滩。在当时作为西画摇篮的上海,画家们以独特的态势迎取西画,使新入埠的粉画打上了海派烙印,出现了许多优秀粉画作品。徐悲鸿、潘玉良、陈秋草等均有粉画精品问世,颜文樑初学粉画创作的《厨房》送法国1929年粉画沙龙,获荣誉奖。然而,抗日战争爆发后,刚刚走向繁荣的粉画跌入了谷底,一度沉寂了42年。

1979年,以颜文樑为首,包括杭鸣时在内的11位画家在南京举办粉画联展,在广州等地展出三次之后,移师北京,由中国美协主办,在中国美术馆展出。此次活动引起了时任中国美协主席江丰的关注,当他得知粉画工具材料的奇缺也是影响粉画发展的一个瓶颈时,立即指示相关单位生产粉画笔和纸,解决了当时粉画发展的一大难题,这标志着振兴粉画的工程正式启动,新生的粉画得到了文化部、美术界领导以及理论界、舆论界的鼎力支持,很快在全国扩展开来。丁正献、连逸卿等多位画家竭尽全力,为粉画发展做了大量铺垫与组织工作。

自1982年起,当时已年逾六旬的著名版画家丁正献先生,在一无经费、二无人员相助的条件下,历时18年,长途跋涉,先后组织七届七十余次全国粉画巡回展。1989年,第七届全国综合性美术展在深圳开幕,丁正献和杭鸣时均被全国美协聘为水彩画、粉画类作品的评委。丁老先生紧紧握住杭鸣时的手,深情地说:"粉画要在中国发扬光大,要靠你我共同努力啊!"杭鸣时说,就是这简短的一句话却力同千钧,他觉得传承粉画的历史重任落到了自己肩上,责无旁贷,他必须从丁老手中接过接力棒。从此,他放下了此前想当一名水彩画家的心愿,放弃了已有相当成就的水彩画创作,一方面身体力行用自己的作品来证明粉画的潜在魅力,另一方面积极配合丁老先生,利用一切机会去宣传粉画,发动和组织更多的同行来参与粉画创作。

2000年3月,丁正献老先生因病情恶化,在切开气管维持生命之际,得知杭鸣时首期粉画高级研修班开课,他用颤抖的手,歪歪扭扭地给杭鸣时写了一封短信,表达了对粉画事业后继有人的欣慰之情。谈到这封临终授命的信,杭鸣时有些哽咽:"丁老先生字字千钧,我唯有鞠躬尽瘁为粉画奋斗终生。"

从 2000 年到 2002 年,杭鸣时三年磨一剑,终于完成了丁正献毕生的夙愿,促成中国美协和苏州市政府联合举办了首届中国粉画展。如果不是发自内心由衷地喜爱,如果不是"言必行,行必果"的赤胆忠心,又怎么可能几十年如一日地坚持,而且,这份坚持是如此自然而然,没有一丝牵强附会。一个人不管是做事还是做人,最高境界无非像大自然一样——自然而然,"人法地,地法天,天法道,道法自然",没有任何修饰,简简单单,干净而纯粹。

2013 年,苏州粉画邀请展顺利开幕,在邀请展的学术研讨会上,著名粉画家王相篪说,半个月以前跟杭老师通电话,杭老第一句话就说:"身体怎么样,我们要为粉画多活几年啊。"王相篪说,他接了这个电话,特别震撼,自己是想多活几年,但是从没想过要为粉画多活几年。可见杭老日思夜想的就是粉画。短短一句话,如此本真地显露自我,无须再加修饰或解释。

"只要对粉画发展有用的事情我都会努力去做。趁我去见马克思以前,希望自己还能为粉画做一点事情。能多画一张就是一张,能多教一个人就是一个人。"

我的一生都离不开画画

1931 年,杭鸣时出生于上海山西北路 430 号。此时父亲杭稚英的事业正如日中天。他的降临无疑给这个家庭增添了更多的喜庆。作为长子长孙,他从一出生就享受非同寻常的待遇。在四十多口人的大家庭,他的祖父杭卓英就像红楼梦中的贾母,凭借渊博的学识、严谨的治家拥有至高无上的权利。而他,就是贾母眼中的贾宝玉,祖父含在嘴里怕化,捧在手心怕掉。他笑称自己是祖父的"直辖市",受祖父垂直管理。无论是日常教育还是出门行走、游玩,都带着他。上海滩的跑马厅、游乐场、电影院,几乎所有好玩的、好吃的他都一一享用过。他印象最深的是祖父带他去上海新世界旁边的晋隆饭店吃饭,至今仍感觉齿颊留香。

他说,最近才从一位叫顾文霞的邻居那里得知,他在山西北路 430 号的小朋友当中还享有"混世魔王"的雅号。说到这雅号的时候,他一脸无辜,称自己童年时其实并不调皮,比较循规蹈矩。但有此雅号恐怕不是空穴来风,兴许因为他经常随祖父出入跑马厅、游乐场、高级餐厅,享受过这些特权。可以肯定而毫不夸张地说,他的童年过的是阔家少爷的生活。因为从小体弱,在 9 岁那年还生过一场伤寒,卧床2个月,更加受到重点照顾。他在那个时候,享用的就有克宁奶粉这样的进口食品。然而,今天我面前的杭鸣时,身上看不到一丝一毫养尊处优纨绔子弟的影子。中午我们一起吃工作餐的时候,有一粒米饭掉在饭桌上,他随手捡拾起来塞进嘴里,那么的自然。这是一个懂得"粒粒皆辛苦"的老人,绝对看不到昔日上海滩上奢侈的童年生活留下的烙印。

杭鸣时的祖父杭卓英有深厚的古文基础,非常注重对传统国学的教育。自小在书香门第的氛围中长大的他,每日晨起,和同龄的小伙伴们去书房诵读《朱子治家格言》是必修课。"黎明即起,洒扫庭除,要内外整洁。既昏便息,关锁门户,必亲自检点。一粥一饭,当思来之不易,半丝半缕,恒念物力维艰……"时隔这么多年,他依旧能朗朗上口。对于古代儒家追求格物、致知、修身、齐家、治国、平天下的理念他非常认同。显然,童年的这些教育深深影响着他。在祖父的严格管教下,他小时候认真习过毛笔字。他说自己9岁时写的一幅字"岁月不居"还受到过父亲的表扬。现在大家推崇的都是他的画,却鲜有人知他其实还写得一手好字,"杭鸣时粉画艺术馆"的题词就是他自己亲笔书写的。他的字行云流水,俊秀飘逸,温文尔雅中又现豪爽大气。一如他的画作,既有小桥流水的温婉,又有大江东去的豪迈。在2014年江苏省书展上,我看到过他写的一幅字"中国梦,江苏情",他很谦虚地称自己的字上不得台面,只是盛情难却罢了。

从小,杭鸣时接受的是中西结合的良好教育。他至今还记得幼儿园教他美术的老师姓蔡,外号"蔡老头子",上美术课经常绘声绘色地讲《西游记》故事。"蔡老头子"有些独出心裁的美术课教育让从小对绘画情有独钟的杭鸣时更加喜欢画画。有一次父亲在一个商业美术家协会的活动上,因谈论色彩受到一位专业画家"你也配谈色彩!"的嘲讽,回来对正在学习绘画的杭鸣时说,你长大了最好去学医,医生救死扶伤,非常高尚,医患之间非常真诚,没有社会上的虚伪。父亲的话让他至今记忆犹新,但这个小小的插曲并没有影响到他对绘画的热爱。

读初中时,他的绘画才能"小荷才露尖尖角",上海育才中学把他的画作收集起来,为他特意举办了为期一个礼拜的画展,尽管布展就是在学校走廊简单地因地制宜,但已经称得上空前绝后。

"云淡风轻近午天,傍花随柳过前川。时人不识余心乐,将谓偷闲学少年。"杭鸣时的少年生活一直在一种小少爷的悠游中度过,读书,绘画,旅游,几乎没有什么忧愁,高中时还偷偷喜欢过班上一个女孩。高一时,父亲杭稚英不幸因脑溢血英年早逝。所幸,稚英画室由李慕白、金雪尘支撑起来。谈及这两位前辈,他言语中不乏尊敬与感激。高中毕业后,他加入画室,靠做些边边角角的活第一个月第一次在画室赚了100多元钱,他买了一部自己心仪很久的二手相机,很愉快地看了一场电影,吃了一顿西餐,尤其在外面吃到冰西瓜的清爽让他觉得用自己的劳动所得去享受别有一番滋味。

1949年上海解放。他加入了刚成立的上海美术工作者协会,并且,瞒着祖父偷偷报考浙江美院,虽然被成功录取,但因为祖父坚决不同意导致搁浅。当时的浙江美院院长黎冰鸿因为对他的喜爱,愿意给他保留一年学籍。然而,他最终还是没能如愿以偿。1951年,和当时多数年轻人一样,他积极响应革命号召,加入了上海文艺界赴皖北的土改工作队。一边说,他一边拿出厚厚一本反映土改期间工作生活的影集。因为年代久远,影集边角已经有些磨损,黑色的封面变得暗淡无光。打开封面,扉页是杭老师手写的一段文字,介绍了当时参观土改的经历与收获,刚劲漂亮的文字上方是一个红色的熊熊燃烧的火炬。他说当时他是咬破手指,用鲜血画就的。可以想见,当年那个血气方刚的少年,怀揣着怎样的激情,竟能用鲜血来表明自我改造的决心。

因为这本影集几乎全景式记录和反映了当时土改的进程,照片的底片被很多人借去冲印。为了便于他人冲印,他去鲁艺读书时索性把底片留给了在上海的曾经一同参加土改工作队的队友。他不无遗憾地告诉我,他们家50多本珍贵的老照片在"文革"期间被付之一炬,所剩无几。剩下的几本都被他当宝贝珍藏起来。在这一张张尘封的几近发黄的黑白照片中,鲜活的记忆被唤醒。从小时候出生的山西北路开始,所有儿时的回忆,人名、地名、趣事、玩伴、亲人,他如数家珍。在悠然淡定、娓娓道来的叙述中,我仿佛走进了一条漫长的时间隧道,半个多世纪的风云变幻一一呈现。

从皖北土改结束回到上海后,祖父一心想让他继承父业,重续稚英画室的辉煌。可是他觉得在那样一个物质匮乏、完全不需要广告的年代,自己一个18岁的少年是无法胜任支撑稚英画室的。面对日益浓烈的革命气氛,1952年,他又一次瞒着祖父偷偷报考了东北鲁迅文艺学院。在他去鲁艺读书的第二年,祖父因病离世。对此,他充满歉疚,他觉得从某种程度上讲祖父是被自己气死的,因为他一走,祖父所有的念想和希望都没有了。他更加不能原谅自己的是,当时因为经济拮据,他无法回来为祖父奔丧。这也就成为他心中永远的痛。

学生时期的杭鸣时,谈吐清雅,交往活跃,才华横溢。因为有之前李慕白带他去上海的舞厅学习过跳舞的基础,在每周末学校举行的舞会上,他总是男生当中最闪亮的一个。在鲁艺读书的四年时间,因为大家对月份牌都嗤之以鼻,他绝口不提父亲,只是一个人默默钻研专业,最终以出类拔萃的成绩提前一年毕业留校任教。毕业创作的擦笔水彩新年画《解答》由天津人民美术出版社出版。这是他当年深入工农兵,去沈阳铁西工厂体验生活时,看到上海去援助的技术人员给工人上课而创作的题材。即使今天,看上去依然感觉新颖,如饥似渴、虚心好学的工人形象栩栩如生,跃然纸上。

鲁艺教书期间,他不仅去浙江美术学院进修,还南下拜师学艺。蒋兆和、古元、舒传熹、法乃光、叶浅予等,他都一一登门拜访,虚心请教,海纳百川,绝不固守成规。他在父亲的擦笔水彩技法的基础上进行改造和提升,并出版了这一领域唯一的一本《擦笔水彩年画》技法书,很多人都是从这本书开始接触并学习擦笔水彩年画的。如果说父亲杭稚英开创了属于他那个时代的擦笔水彩月份牌标杆,那么,在推广擦笔水彩新年画上,杭鸣时不遗余力,推波助澜,成功地将父亲的技艺开疆拓土,从上海滩带到了全中国。他在鲁艺成立了年画工作室,连续十年受全国各地出版社的邀请举办擦笔水彩年画培训班,培养了一大批新年画骨干,成为当之无愧的擦笔水彩年画"教师爷"。

在推广擦笔水彩年画之余,他孜孜于新年画创作。他创作的《草原铁骑》,不但使月份牌年画注入了阳刚之气,而且首版印刷180万份,创"文革"前单幅画首版印刷之最。之后,《春满体坛》《反弹琵琶》《新麻姑献寿》《拾金不昧》《我们爱大海》等一系列新年画使杭鸣时在这一领域树立了一个新标杆。他的新年画不仅继承了擦笔水彩和民族民间年画的传统技法,还交汇融入了在鲁美期间所学到的西洋画技法。在主题、构图、色彩以及画面主次、虚实关系的处理上有明显提升。而且,题材广泛,许多画作反映了强烈的爱国主义精神。

对于"文革"期间的这段新年画创作经历,他说,自己当时是处在文艺、教育所谓两条"黑线"下的知识分子,妻子丁薇还遭受批斗。生活的动荡与痛苦可想而知。但是,在那样不堪的岁月中,他还能有机会画领袖像,画新年画,这又是不幸中的幸运。尽管当时画画,用什么颜色都由工、军宣队在一旁指挥,但毕竟自己没有丢弃画笔,从来没有离开过画画。

"文革"期间最让他痛心疾首的是在浙江美院进修时画的100多张人体素描

全部被人抄家拿走,至今下落不明。这些画作记录了他在美院成长的点滴,承载了太多创作的欢笑与艰辛。

他的父亲杭稚英的巅峰之作《霸王别姬》在"文革"期间伴随他几经浩劫,侥幸得以保存至今。作品几乎浓缩了月份牌艺术并融合中西绘画艺术的精华。霸王形态魁梧,有着威武强悍的英雄气概,在明亮的淡灰色调中,用饱满的大红色和深蓝色柱头、帽缨、腰带点缀其间,显示出堂堂正正的民族气派。虞姬玲珑娇俏,文静柔美。新中国成立后,这幅作品在中央美术学院陈列馆展出时,引起不小的轰动。中央美院的副院长艾中信看了这幅画之后,连声称赞:这么好的画,过去误会太深了,没有好好研究。谈及这幅画,他的兴奋溢于言表。他很骄傲自己是沪上擦笔水彩月份牌的传人,而对于这一已申请国家非物质文化遗产项目的擦笔水彩技法目前所面临的窘境,他的言语中又透露出深深的无奈。

在新年画创作之前,他主攻的是水彩画,一心想成为一名水彩画家。1956年的《维吾尔族老人》一炮打响,在全国青年美术展上获三等奖。1964年,《农村俱乐部的小读者》《东北大娘》《小女孩》作为河北美术出版社的水彩画临本出版。1978年,水彩画《井冈山象山窟》入编上海人民美术出版社的《水彩画临本》。很多人都是看着这些临本开始学习水彩画的。不论是新年画还是水彩画,杭鸣时始终站在艺术创作的最前沿。

当大家的水彩画都停留在诸如此类的习作和小品、景物阶段时,他开始借鉴英国水彩用大场景入画,又能深入刻画主题的表现手法,创作了《工业的粮仓》,开启了用水彩画画重大题材的创作新路。作品以宏大的气势、壮阔的生活和精到的刻画令人震撼。当时,全国美展只有国画、油画、版画列为主要画种,水彩画是和漫画、连环画等画种位列其他类的。《工业的粮仓》一鸣惊人,入选当年全国综合性美术大展后被中国美术馆收藏,并入编《中国新文艺大系 · 美术卷》,被同行誉为"百年经典"。随着杭鸣时的作品在历届全国美术展览上频频入选并获奖,他被第一届中国美协水彩画艺委会聘任为委员,第二届又被聘任为中国美协水彩画艺委会副主任。其时,水彩画精细描摹之风甚盛,他又以新作《冬季返青》《雪原》的水色淋漓、大笔写意,令人耳目一新。即使后来从水彩画转而投向粉画创作,他也不盲从,不跟风,不亦步亦趋。他又把擦笔水彩的揉擦法与粉画的笔触法结合在一起,形成独树一帜的风格。

"无论是水彩、年画、粉画、版画、油画、宣传画、电影海报,甚至平面设计,样样我都有所尝试,并有所斩获。我在长期实践中把各画种的性能、特色、技法取之、用之、融之,寻求从必然王国进入自由王国之快乐。我的人生离不开绘画,我矢志不渝追求的就是真善美。"

从杭鸣时的堂房曾叔祖父杭辛斋⑤到叔祖父杭毅⑥,再到父亲杭稚英,无不为人正直,敢于创新,敢于直言。受杭氏家风的影响,杭鸣时性格豪爽大气,乐观坚强,无论是为人还是作画,他都追求真善美。杭鸣时的父亲杭稚英乐善好施,在沪上有小孟尝君的美称,大凡有求于他的,他总是来者不拒。他把亲戚中的孤寡老人接来家中,一直支撑着全家老老少少四十几口人的生活。从小耳濡目染的杭鸣时,对父亲如何待人接物看在眼里,记在心里。

抗日战争8年期间,日本人以200两黄金诱惑杭稚英创作写上"大东亚共荣圈"的广告画,杭稚英断然拒绝后不能再开展画室业务,家中经济陷入窘迫。他也由以前锦衣玉食的少爷生活至一度食不果腹。父亲在这段时间向国画家符铁年学习国画,绘制梅兰竹菊。对于父亲怒气撕竹的场面,他至今记忆犹新。他说,父亲乐于助人、刚正不阿的情操影响了他一辈子。

"文革"期间,当看到自己的学生宋雨桂被视为反革命遭遇磨难时,杭鸣时不顾受牵连的风险,把他带回家,让夫人给他煮了两个荷包蛋下了一碗面条。在那个年代,荷包蛋是多么珍贵的食品,里面包含有多深的爱,宋雨桂当然知道。2010年,在杭鸣时于北京举办的粉画艺术展开幕式上,已担任辽宁美术家协会主席的国画大师宋雨桂说出了发自肺腑最朴实的对恩师的感言:"这辈子我要是把杭老师忘记了,我就不是人。"

在采访杭鸣时的这段时间里,正巧赶上已经70岁的鲁艺副教授姚殿科带着

---

⑤杭辛斋(1869—1924),名慎修,又名凤元,别字一苇,海宁长安镇人。清光绪十五年(1889)县试第一,补博士弟子员。次年入北京国子监。后考入同文馆,弃科举,习新学。光绪二十三年到天津,次年与严复、夏曾佑等创办我国第一张民办报纸《国闻报》,鼓吹变法维新。曾上书光绪帝,条陈变法自强,两次被密旨召见,并赐"言满天下"象牙章。

⑥杭毅:海宁长安镇人。幼受叔父杭辛斋影响,倾向革命。初在硖石裕通钱庄当学徒,1911年辛亥革命爆发后,到上海参加沪军北伐敢死队。南北议和后入保定陆军军官学校。二次革命时,离校赴湖南参加讨袁。1924年,黄埔军校创立,任训练部特别官佐,受廖仲恺、邓演达赏识。不久经廖介绍加入中国国民党。

女儿和一帮杭鸣时曾经在鲁艺附中考前辅导班教过的学生来苏州看望杭老并进行粉画创作写生,姚殿科说:"一日为师,终身为父,我们这次来苏州集体给杭老师行礼,又重新再拜师。"一群头发花白的老人不远千里来到苏州,只为向一个头发花白的老人恭恭敬敬、整整齐齐行礼学艺,内心该是带着多大的敬畏与欢喜。半个多世纪前杭鸣时用自己的爱在学生心中洒下了一颗颗种子,即使历经风霜雪雨,电闪雷鸣,种子依旧发芽、开花、结果。岁月,只会让这份爱之果穿越时空,更纯粹,更香甜。

不仅是对学生,杭鸣时悲天悯人的情怀体现在生活的方方面面。他外表大大咧咧,实则心细如发。即使在全神贯注作画的时候,也会不忘问问台上站立的模特"累不累"。这份平易近人、推己及人的本色让模特和一旁的我们都备感温暖和煦。

那天作画后,正好碰上安徽水彩画家柳新生一行带着安徽首届粉画展的作品来"杭鸣时艺术馆"巡回展览。柳先生告诉我,有一次和杭鸣时一起在安徽黄山采风,碰到一个小姑娘,她因为家里穷,辍学打工供弟妹上学,杭鸣时听了二话不说,摸出口袋里的几百块钱给了她。

鲁艺毕业第一年,他在《沈阳日报》发表的反间谍故事《神鹰你飞起来吧》连载钢笔画插图,后来集结成小说《移花接木》出版,当时拿了三百多块钱稿费,一下子成为"富翁"。得知有同事父亲生病,他毫不犹豫就借给同事一百元钱。80年代,有一次在浙江写生,他接触的当地文化馆的一位彩排导演有寒腿,他默默记在心里,回去立刻花了半个月的工资买了一双羊毛皮靴寄去。

他编著的《色粉画》一书,在目录后正文开始前放的是一张粉画《甜》,画面是一个花甲老人和孙女儿亲吻脸颊的场景,老人慈祥的笑容、小女孩调皮可爱的眼神十分抓人眼球。画面传达出来的那份质朴温馨,瞬间击中了我内心深处最温柔的地方。可是,为什么要把这样一张粉画放在这个位置,我却有些费解。杭鸣时告诉我,画中的主角是他高中同学,好朋友王屏东。编这本书的时候,正好老人离世,为了纪念同学,他就把这幅画放在了书的开篇。没有豪言壮语,他就是用这样一种方式寄托对友人的哀思。

在某种意义上,杭鸣时是一个不太善言辞的人。他总是言简意赅,观点鲜明,直言不讳,从不拐弯抹角。事实上,恰恰是这种最本质的人性流露,最能抓住受众的心。就像成龙最怕和小孩或动物演对手戏。因为孩子或动物(其智力也相当于婴孩水平)在镜头前都是本性的最本真流露,任你演技再好,也毕竟难脱演痕,两相对比,高下立见。杭鸣时说他的一生就是本色出演,从不表演,也不会表演。

生活上不拘泥于小节的杭鸣时,作画却是一个追求完美的人。他坦言,自己追求完美,是受到父亲杭稚英的影响,父亲在画月份牌擦笔水彩年画时总是精益求精,不允许有一丝一毫的粗糙。有时候父亲创作未完工的作品,客户已经觉得很满意了,急着催促交稿,只要自己不认可,父亲会坚持不交,一边安抚客户承诺给其更好的作品,一边不断修改润色直到尽善尽美才最终交稿。客户对杭稚英执着的职业道德无不佩服,一传十,十传百,因此也吸引到客户滚雪球似的越来越多。后来据李慕白回忆:"画室的全盛时期,业务广泛,从香烟小商标、布牌子、大公司的礼券到大的月份牌,宛如一个设计公司。每年单是月份牌就可达八十张,每月收入可以买一辆小汽车。"童年的这些记忆无不在他的心中打下烙印,因此,他对自己的每一张作品都要求尽善尽美。

中国美术家协会水彩艺术委员会主任黄铁山看他作画,当他还只画到三分之一的时候,黄铁山就说好,等到他最终画完搁笔,黄铁山说他画得太过了。对于同行间的观点切磋与碰撞,他总是海纳百川。有一次,在黄山召开的全国水彩画百年论坛上,他和水彩画家柳新生关于客观存在与主观表现的观点不一,两人唇枪舌剑。柳主张不一定要强调客观存在,要强调主观表现的东西;他则认为在没有掌握客观的基础上,主观的东西是很有限的。两人打破了沉寂的会场,却也制造了些剑拔弩张的气氛。但这并不妨碍两人仍是好朋友。在艺术切磋上,他胸怀坦荡,绝不固守个人成见。

柳新生认为一个创造性的作品,技术上不一定完善,情绪上只是当时的激情抒发,也不一定完善,甚至是败笔也没有关系,只要情感抒发真实就会是好作品。譬如说,颜真卿的书法,写到后来痛哭流涕,错别字好多,划掉了以后重来,但是正是这种不够完美的败笔,生动表露了他整个的心路。那些错别字就是不完美中间的完美。

听完柳新生的这番话,他说,我挺佩服颜真卿,因为这正是我所缺乏的东西。书法就是情绪的体现,你单独看几个字可能不像样,但放在一起看特别漂亮,这就是当时情绪的流露。绘画也是情绪的流露,颜真卿写得痛哭流涕,是因为有全部的激情都反映在书法里面,一旦修饰过,当时的情绪就不能真切体现。由此推及,画完美不一定是最高境界,他说,我正在逐渐领悟这个道理。

敢于正视并直面别人眼中自己的缺点,虚心接受,对于他人的优点,他更是会当场大声叫好,即使是并不出名的后起之秀,只要有可取之处,他就会放下身段不耻下问。这就是杭鸣时真性情的表现。

不仅如此,很多貌似不上进的观点,不光彩的事情,当时怎么想的,怎么说的,他都会毫不避讳,和盘托出,绝对不会为自己的行为添加哪怕一丝一毫的光环。

鲁美毕业时,因为成绩特别优秀,他原本有出国留学的机会。但是那一年苏联美术学院不招生,只有东德和捷克招生,学习印刷美术,他说自己当时以为印刷是修版的,"我是画家叫我去修版干什么,当然不去"。他瞪着大眼睛,坦率地望着我,一点也不掩饰当时看不起修版工人的想法。

当谈到他夫人丁薇毕业后为什么会分配去哈尔滨时,他很直接说因为某领导看丁薇比较能干,不太喜欢留能力太强的。正好原本分到哈尔滨去的一个男同学跟一个女同学未婚先孕,学校取消了这个分配指标,就让丁薇顶替他去了哈尔滨。

眼看出国留学没有希望,两人又分居异地,他就另辟蹊径去上海找关系。当时的华东纺织局在南京西路的金门饭店,华东纺织局人事处处长和他父亲是世交,他就委托华东纺织局人事处处长把丁薇调回上海。万事俱备,最终却因当时正参加抗洪救灾,积极要求入党的丁薇严词拒绝而调动未果。谈起这件走后门的事,他也毫不忌讳。

1992年,杭鸣时远赴美国加州,随后在那里度过了为期15个月的考察交流生活。谈起这段经历,他说:我当时就是很想去美国看看,有机会与画家交流交流。也想在那里能过一段"自由自在"的生活。因为小时候祖父管得很严,工作了单位领导要管,成了家夫人也要管,心想到了美国就不会有人管我了,结果在那里真没人管了反而有一种没着没落心里很不踏实的感觉。他说,那段时间他没有创作出什么好作品,都是以销售为目的的作画。后来受邀办理绿卡,和夫人丁薇商量后最终还是放弃办卡回到国内。他说很庆幸回来了,否则不可能取得今天的成果。

杭鸣时人生另外一个最大的收获就是结识了妻子丁薇。丁薇和粉画,现在之于他,就像阳光和空气,缺一不可。两人琴瑟和谐,相濡以沫,互相扶持,传为佳话,实乃人生一大幸运。对于他这样一个生活能力极差的人来说,丁薇事无巨细,里里外外包揽了所有家务,让他能安心粉画创作与传播。毫不夸张地说,杭鸣时能有今日之成就,与夫人丁薇密不可分。从事工艺设计与研究的丁薇是他的大学同学,校学生会主席。甘当绿叶的她年复一年地辅弼杭鸣时的粉画事业。丁薇70岁时才开始粉画创作,却有多幅作品获奖,获得业内人士称赞"天赋才华,出手不凡"。

丁薇对杭鸣时的关怀无微不至,采访时,杭鸣时是一个烟不离手的人,丁薇频频示警。对此,杭鸣时小孩般无赖地说,如果没有香烟,我就没法谈下去。最终的结果往往是,丁薇釜底抽薪拿走香烟盒了事。

也许是上天嫉妒这样一对神仙眷侣,要让他们承受人生中最不能承受之痛。1983年,他们唯一的爱子杭大播因血癌逝世。毕业于中央工艺美术学院工业美术系室内设计专业后留校任教的大播,是一位才华横溢、乐观正直、善解人意、乐于助人的年轻人,他几乎遗传了二老所有的优点,凡是和他接触的人没有不喜欢他的。他涉足室内设计、工业产品造型、服装、陶瓷、平面设计等多个领域,在学业之余画下了3000多件各类形象资料。1989年南京艺术学院为其举办的大播遗作展上,张道一教授点评说:"杭大播不是只学了一个专业,他是在学艺术,他的基础打得很广,这样才能登上艺术高峰。他是20世纪的达·芬奇。"大播,是上天赐予他们最好的礼物,也是二老人生最大的殇。

采访中,我不忍去揭开这段伤疤,但不可避免地提到大播时,二老显得很平静。我知道,在这样一份平静下,内心该是受过多少炼狱般的煎熬,每次被触及时又是多么波涛汹涌,难以平复。

大播逝世后的第一年,杭鸣时无心再创作。很多人都以为二老会被命运无情的打击所击垮。为了不在鲁美熟悉的环境中睹物思人备受煎熬,1985年,两人毅然离开生活了33年的鲁美,来到苏州科技学院(当时为苏州城建环保学院)另起炉灶,并且把粉画当作自己的另一个孩子,开始沉醉其中。

二老送我一本刚刚再版的书——《杭大播——一个艺术青年的追求》。扉页一写的是:谨以此书再版纪念一位不懈追求的艺术青年。扉页二是丁薇的一段文字:一九七七年大播用这只箱子装着生活用品去中央工艺美术学院报到。一九八三年八月,他装满了一箱作品,自己却悄悄离开了人间。我几乎是一口气读完了这本书,对他为学为人无限景仰敬佩,对他不幸离世深深扼腕叹息。

杭鸣时告诉我,这本书的再版是为了纪念大播逝世30周年,希望大家能记住这世上曾经有一个艺术青年杭大播,希望用他那束小小的生命之光,去照亮追求艺术理想的年轻人。这是何等宽广豁达的胸襟,何其无私积极的大爱。世间又有几人能从中年丧子之痛中走出,在儿子未走完的艺术道路上继续奋勇前行,勇攀高峰。

"任何事情都不能泯灭我心中对真善美的追求,这也是一个画家能画出好作品的源泉。"

我就是要创作雅俗共赏的作品

大钢琴家霍洛维茨说:"我用了一生的努力,才明白朴素原来最有力量。"这句话用在杭鸣时身上,我觉得再贴切不过。他着装普通朴素,神态像一个儿童。因为肚中有货,心里有数,不必借助各种花样。他坚持有所不为然后有所为,他义无反顾又举重若轻。他质朴,清淡,简约,无旁逸斜出,繁荣奢华。他宽容,谨慎,执着,不工于心计察言观色,不刻意揣摩营造人际氛围。他的语言平淡朴实谦卑,没有更多修饰,和他简单朴素的家一样,总是在不经意中打动我,让我肃然起敬。朴素的艺术是最好的艺术,就像玉质文章,含蓄蕴藉,谦冲雅静,尽得风流。杭鸣时的艺术人生如果一定要用一个词来形容,我想,那就是朴素。

许多艺术家都会选择在风景秀丽的郊外置别墅以怡情养性,杭鸣时的家,却在苏州一个普通的居民小区。大隐隐于市,你无法把这样一个地方与粉画大师联系起来。夫妇俩不会开车,也没有雇请保姆照顾起居。他们就和普普通通的大多数人一样,过着非常简单的生活。唯一不同的是,走进他们家,放眼望去,到处都是画。原本宽敞的房间被四处堆放的画作塞得有些拥挤。奇怪的是,我们面对满室画作一点都不感到逼仄,反而感觉视野开阔,神清气爽,也许这就是艺术的魔力。因为家境优越,从小就有保姆跟在身后收拾东西的杭鸣时,现在反而不习惯请保姆,他说,因为家里东西太多,他又喜欢随时画画,保姆清理好东西反而会让他觉得乱,他会找不到自己想要的东西。久而久之,他们也就习惯了在画室一样的家里生活。

艺术家最隐密的世界,每每潜藏在他作品的深处。因此不管他画什么,总像有个隐身人以不易察觉的方式游荡其中,并将自我的精神、气息与想象赋予那些刚刚生发完成的事物,使之获得应有的形象、光影,以及虚实交错的时空。

杭鸣时强调,画家要"以画说话",要把真善美作为艺术创作的灵魂,创作老百姓喜欢看的雅俗共赏的作品。在当前艺术创作出现多元化的背景下,艺术创新和多样化不可避免。他旗帜鲜明地说,自己厌恶那些盲目照搬西方艺术观念和形式,丑化中国形象,伤害民族自尊,既无视传统中的经典,又不去反映生活中的美,还要装模作样、自吹自擂的所谓作品。艺术家的使命就是要通过自己的作品,把从生活中发现的真、善、美表达出来,传递给广大人民群众,同他们一起分享,让观众从作品中得到振奋、愉悦,净化心灵。

对于父亲杭稚英的艺术思想和在月份牌画上取得的成就,杭鸣时认为这一切源于父亲的善于学习和善于创新。从破解郑曼妥秘而不宣的新仕女画法,到吸取美国迪士尼动画和西方广告画擅用色彩的营养、重视素描、走中西合璧的艺术道路,杭稚英在艺术上不妄自尊大,打破门户之见,不仅鼓励弟子去其他画室进修,在艺术创作上,大胆借用喷笔等新式工具创作画面处理的新技法。

受父亲创新意识潜移默化的影响,杭鸣时的艺术视野非常开阔。在鲁艺4年,尽管没有出国门,但他翻阅了学校图书室里所有藏书,有他喜欢的画作他就会盯住不放。鲁艺的馆藏丰富,他说这是他对学校最满意的地方。在父亲家学的擦笔水彩基础之上,他一头扎进图书馆,孜孜不倦地汲取营养。各种画作展览他更是一次不落,对名作的临摹是他功成名就后至今没有放下的功课。在他家里,我见到了他最近临摹的安格尔的《泉》。他说,安格尔的《泉》反映了他心中理想的晚年的美,使得他心中长期积聚的抽象出来的古典美与具体的写实少女的美,找到了完美的结合。

安格尔一生在裸体素描上下过精深的功夫,毋庸置疑,杭鸣时受安格尔影响很深。安格尔说:"一幅画的表现力取决于作者丰富的素描知识。撇开绝对的准确性,就不可能有生动的表现;掌握大概的准确,就等于失去准确;那样,无异于在创造一种本来他们就毫无感受的虚构人物和虚伪的感情。"杭鸣时说他就是按照这样一种态度来创作笔下的每一幅作品。但他并不受限于安格尔,他觉得安格尔的裸体画少有揭示人物内在精神,过于注重形式和技巧。

尽管在艺术创作道路上,他不墨守成规,敢于也善于兼容并蓄,但是对于自己的艺术主张,他又像九斤老太,绝不迁就。他是一个善于博采众长而又坚持自己见解的艺术家。他坚持自己追求真善美和雅俗共赏的艺术观点,坚持用写意的手法画出写实的效果,皓首穷经,任尔东西南北风,咬定青山不放松,永远不在滚滚红尘中迷失自我。

在杭鸣时丁薇伉俪粉画展画册的封底,他写道:"人生苦短,不经意间居然活到了80后,回顾几十年来风风雨雨,用成语'不堪回首'似乎太消极,但确实不容易。我痴迷绘画,既有传统,又喜欢新潮。在社会主义转型期也曾经迷惘过。但我认为艺术就是要为群众服务的,否则只能是自说自话,自以为是。和群众不相干的艺术是没有生命力的。我毕生追求的是写实写意并重,以写意的笔法出写实的效果,雅俗共赏和真善美,群众喜闻乐见,我就开心了,仅此而已。"

寥寥数语是他对自己艺术道路心路历程的总结。画家是为老百姓服务的,一幅作品,如果老百姓连看都看不懂,怎能引起共鸣呢?唐代诗人白居易是他最喜欢的诗人,因为他的诗歌通俗易懂,朗朗上口,所以妇孺皆知,广为流传。杭鸣时认为,画的风格没有新与旧、高与低可言,具象与抽象、写实与写意各有千秋,关键在于作者对待艺术是否真诚,对待人民是否平等。他不喜欢孤芳自赏,也不喜欢高深莫测、玄而又玄的理论。他就是简简单单,朴朴素素,把老百姓看得懂的,自己感动的、认为美好的东西奉献给大家。

《南方油画》主编吴杨波认为,经过一个世纪的分分合合,杭鸣时的作品中真正地体现了人民性,符合老百姓口味的人民性,朴素而有生命力。对于一些所谓"新文人画",他说,你看这些画家的妻子一个个都如花似玉,他们笔下的人却画得那么丑陋,这不是自相矛盾吗?米勒曾经说过一段话:"要使被人感动,首先要自己感动,要不然再怎样巧妙的作品都绝不会有生命。我不会画天使,因为我从来没有见过他们。"

他建议我去读一读黄河清的《艺术的阴谋》。谈到这里,他显得有些激动。他认为美国破坏我们的文艺生产,鼓动那些大的财团收藏我们国内丑化劳动人民形象的画,大肆吹捧,有些人就跟着乱画。他说他以前鲁艺一位同事的女儿大学毕业后,就是迷迷糊糊地乱画。有一天,一位法国小姐让画廊把她一张画得很差的画高价买走了,买下来之后,她傻了,因为再画画就不知道是非好坏的标准了。在仔细拜读黄河清的《艺术的阴谋》之后,我理解了他那天言辞的激动。不管怎样,正如书的作者所言,一场看不见硝烟的文化冷战把缺乏文化积累的美国艺术变成了世界艺术。对杭鸣时后来执意不再参加美国的一些画展的举动,我更多了些许敬佩。

作为海宁人,他很喜欢他的同乡王国维,他说,碰到有学生迷糊了,就会推荐对方去看王国维的《人间词话》。"古今之成大事业、大学问者,必经过三种之境界:'昨夜西风凋碧树。独上高楼,望尽天涯路。'此第一境也。'衣带渐宽终不悔,为伊消得人憔悴。'此第二境也。'众里寻他千百度,蓦然回首,那人却在,灯火阑珊处。'此第三境也。"王国维的三重境界说也正是他对绘画艺术追求的真实写照。

境界本质上是由"景"和"情"两个元质构成的,但不论是客观的"景",还是主观的"情",都是"观"——人的精神活动的结果。只有"情""景"交融,对立统一,才能形成千姿百态、丰富多彩的艺术作品。

对于杭鸣时来说,无论是艺术追求上的雅与俗、写实与写意、保守与创新,还是生活当中流露的"匪气"与侠义、世俗与天真,所有这些看似矛盾的方面在他身上却巧妙地统一在一起,构建着他简单朴素的艺术人生。在他的世界里,阅尽风云之后,虫儿啾啾,鸟儿鸣鸣,水儿潺潺,草儿芳香,一切都是如此的自然和谐。

《庄子·天道》曰:"静而圣,动而王,无为也而尊,朴素而天下莫能与之争美。"杭鸣时的朴素何止于外在衣衫、陋室和谈吐,更多在于心灵。一个人心灵朴素,犹如兰生幽谷,不香自香。

他说,年轻时自己也有过争强好胜,后来看到老子《道德经》中的"圣人之道,为而不争",顿时恍然大悟。"信言不美,美言不信。善者不辩,辩者不善。知者不博,博者不知。"巧言令色其实并不是真正的才能,忍辱不辩才是人生修养的最高境界。

"我不是什么大师,只是一个朴素的艺术匠人,画老百姓喜欢看的作品而已。"

专访

出生书香门第

- 因为我是长子长孙，在家里的地位很特殊。祖父特别宠爱我，他去哪里都会带着我，别人都不能随随便便带我出门。

- 到上海育才中学读初中，学校把我的画集中在一起，给我在走廊里面办一个画展，为期一个礼拜，这在当时是空前的。

- 蔡老师故事讲得很好，画画也很好。但是我在我父亲的画室里看他们画多了，也就不觉得蔡老师画得有多好了。

- 我的父亲杭稚英和我都受我们杭氏家族家风的影响，为人耿直，豪爽，敢创敢干。

- 我有的作品会给人以豪放侠义的感觉，但是画一个温柔细腻的女人体，她既不是花木兰又不是梁红玉，我就不可能豪放。

祖父的"直辖市"

姜 您祖籍海宁,父亲是沪上享誉全国的月份牌代表人物之一。全家是从什么时候开始到上海的?

杭 我们家祖籍浙江海宁,是当地颇有声望的书香门第。我祖父杭卓英自小熟读四书五经,满腹经纶,具有深厚的古文基础。我的古文知识都是在祖父那里开始启蒙的。祖父原本想考取功名,因曾祖父不幸因病去世,按照前清科举制度必须守丧三年才能应考,所以他一开始就在衙门里面做钱粮文书工作,负责收钱收粮食。后来在杭州和许行彬[①]一起创办过宣传辛亥革命的进步报刊《省钟报》。之后,经朋友举荐到上海商务印书馆印刷厂厂长鲍咸昌先生处担任中文秘书,负责起草文件、撰写文章。商务印书馆当时是上海最大的综合性出版机构,每年出版的书籍、期刊、画册规模在全国都屈指可数。

我父亲杭稚英出生在海宁盐官镇,他从小聪明伶俐,对许多古诗词和古文都能倒背如流。他10岁那年,有一次在裱画店看到一幅唐伯虎的画,回家仅凭记忆,默画了一幅,居然全图除色彩之外,模样与原画几无二样。

我祖父在上海商务印书馆印刷厂的第二年,商务印书馆成立了图画部,专门培养练习生。那时候,我父亲刚好13岁,完成中学学业,祖父就让我父亲去应试。经过书面考试和面试,他考上了商务印书馆的练习生,在那里系统学习国画、水彩

[①]许行彬(1874—1953),名祖谦,又名葆光、仰贤,号西湖闲人,海宁周王庙人。清光绪二十一年(1895)中秀才,光绪三十年考入浙江高等学堂。毕业后曾任教于杭州师范学校和温州瓯江师范学校。历任浙江省议会第一至三届议员、省政府咨议、浙江财政委员会秘书长等职。

画和西洋画。三年学徒,四年服务期满后,我父亲刚满20岁便开始自立门户,以个人名义接受客户委托,专门从事商品包装、商标设计和广告业务。我父亲有了自己的画室之后,我祖父39岁就辞去商务印书馆印刷厂中文秘书的工作,回家帮我父亲全权打理内务,管理钱财。假如祖父当初没有走出海宁来到上海,我父亲包括我的人生经历可能都会重写。

姜　您在长大离开上海去鲁迅文艺学院求学之前,大部分时间是祖父管理你的生活,您和他之间感情非常深厚吧。

杭　我从小就是祖父管得多。因为我是长子长孙,在家里的地位很特殊。祖父特别宠爱我,他去哪里都会带着我,别人都不能随随便便带我出门。小时候祖父喜欢骑马,经常带我去跑马场骑马。但凡有好看的电影、好吃的美食,祖父都不会忘记带着我同行。我就是祖父的"直辖市",归他直接管理,在家里有至高无上的特权,集万千宠爱。(笑)当时整个山西北路430号还住着其他四五户人家,都是我们住进来后陆陆续续住进来的,我们住的地方最大,别的邻居也都听我祖父的。

姜　您父亲事业最鼎盛时期,家里住了有40多口人。在这样一个大家庭中,您祖

杭鸣时祖父杭卓英。

父的地位是不是像贾母?

杭 对,像贾母,比贾母还厉害。我们家里有个小花园,我祖父在他的窗口安装了个自来水龙头,特殊装的,他喜欢在那里洗脸刮胡子。但凡小孩闹得太厉害了,他在窗口咳一声,孩子就躲起来了,特别有权威。

姜 祖父饱读诗书,满腹经纶,是不是特别注重对您的教育?

杭 小时候,每天早上,祖父给我们这些孙子辈上《朱子治家格言》,"黎明即起,洒扫庭除,要内外整洁。既昏便息,关锁门户,必亲自检点。一粥一饭,当思来之不易,半丝半缕,恒念物力维艰……"内容十分通俗明了,如何持家,如何做人、做事,句句都是至理名言,这些对我影响很深。祖父对我们这帮孩子要求严格,若是背不出来,是要挨打的。他文言文功底很好,我后来上学凡有在学校不懂的古文方面的知识,回家祖父就是我的活字典。

姜 除了绘画之外,少为人知的是,您其实还写得一手好字,这是不是受益于祖父的教育?

杭 小时候祖父教我练书法,怎么拿笔提手,手指中间要放个里面盛了水的小酒盅。我要捏紧这支笔不让他冷不丁被拔掉,因为如果笔被拔掉,水就洒在纸面上,悬案写书就是这样逼出来的。祖父专门请一些内行专家根据我的笔迹来判断我应该临摹谁的帖,大楷临摹王庭坚,小楷临摹苏东坡(我父亲临摹米芾),我很感谢小时候祖父的严厉。"杭鸣时粉画艺术馆"题字就是我自己写的。2014年江苏省图书展在苏州举行,我纯粹是盛情难却,应邀题写了一幅字:"中国梦,江苏情。"

姜 您觉得书法跟绘画相通吗?

杭 相通。书画同源,尤其是画国画。新中国成立以后有些画家画得很好,但一题款就露馅,因为没有书法基础。还有些书画家自己会写唐诗,但是不会刻印。书、诗、画、印,最好四般武艺样样精通。

姜 听说您小时候还有个"混世魔王"的称号,这个称号是如何得来的?

杭 (笑)我根本不知道我叫"混世魔王",这是最近才知道的。小时候,我们住在山西路430号的院子里,有一家姓顾的人家住在厢房里面特别背阴的地方,他们家三个女孩,都不是太张扬,但学习成绩总是第一名,让我们都很羡慕,后来天各一方也都失去了联系。她们的爸爸是银行职员,新中国成立后被斗地主吓死了。因为他家里有地,是地主成分,他就整天提心吊胆。其实他在银行里面很低调,也没有人知道要斗他,但是他胆子小,最终自己把自己吓死了。顾家大女儿现定居杭鸣时为"杭鸣时粉画艺术馆"题字。

美国,是美国政府的保健医生。她偶然在网上发现了我的消息,后来回国探亲,她特意过来看望了我三次。就是她回来看我的时候,对我说那个时候我是混世魔王,我说我怎么变成混世魔王了。(笑)

姜 您那时候是不是欺负过她?

杭 没有。因为我是长子长孙,在家里的生活是特殊的,是祖父的宠儿。混世魔王就是红楼梦里面的贾宝玉,不是牛魔王那个魔王。(笑)

姜 小时候还有哪些印象深刻的事情?

杭 我9岁的时候生了一场大病,伤寒病,差一点死掉了。幸亏我们家乡有个伤寒病专家,叫陈慰堂,他来给我治好的。一个暑假整整两个月我躺在病床上,差不多要死了一样。后来被抢救过来了,有食欲想吃东西,馋得要命,但也不能吃多,肠子要撑破的。我母亲假装给我请的西点师傅,其实是我母亲在后面自己做的,做些软的比较好消化的给我吃。我的大妹妹比我小两岁,那个时候也比较懂事,我躺在床上的时候,她就在一旁陪我。结果打翻了桌子上的一壶开水,她身体大面积烫伤,很多部位没有人工植皮,所以她长大后都不敢穿裙子。长大后我翻到父亲的日记,看到他有感于我得了伤寒病,我妹妹又烫伤而写的打油诗,其中有诸如"忽闻小女又烫伤"这些话,到现在我都还记得。

姜 您现在身体可硬朗了,小时候身体不太好吗?

杭 我小时候有间歇脉,跳跳停停,基本上中药、西药不断。服用中药时因为热性的药用过量,所以眼睛往外鼓出。而且我发育得比较晚,初中的时候个子很小,有的同学胡子都长出来了,我跟同学合影的时候都还没有长胡子,16岁以后再长出来的。我因为肠胃不好,吸收营养不够,家里给我打补针。有个邻居家的女儿做护士,专门给有钱人家打保健针的。我不记得是每个礼拜还是每隔一天,我都要去注射一针静脉补药,据说很昂贵。我平时吃的都是进口的牛肉汁,像鲜酱油一

专访

样。还有进口的小罐头、奶油、克宁奶粉等等。所以,身体后来调理得很好,读大学时我比一般人家的孩子要结实些。

绘画天赋崭露头角

姜 小时候,除了祖父对您进行这些传统古典教养的熏陶外,您在学校接受的是怎样的教育?

杭 我祖父包括我父亲思想都非常开明,他们对老祖宗的东西很喜欢,对国外西化的教育也很推崇。我五岁就读当时英国人办的英租界工部局小学附属幼儿园,幼儿园的装修、设计、教学都是学习英国人的理念,洋气而且讲究。四周的玻璃都是像教堂里面的彩色玻璃,组成装饰画,太阳光照下来,像童话世界一般,我们经常用一个个干干净净、小小巧巧的圆垫子做游戏。当时教我们的都是北大、清华毕业生,教我语文的女老师毕业于北大中文系,叫赵芝梅,她是一位很有抱负的女性,国民党统治时期她还参与竞选国大代表。教我美术的老师姓蔡,他的外号就是"蔡老头子",口才特别好,上美术课他经常给我们绘声绘色讲西游记故事,我特别愿意上他的课。

姜 您喜欢蔡老师的美术课,是否也激发了您对绘画的兴趣呢?

杭 蔡老师故事讲得很好,画画也很好。但是我在我父亲的画室里看他们画多了,也就不觉得蔡老师画得有多好了。

姜 您从小在父亲的画室里长大,是不是因此喜欢上画画?

杭 我从小就喜欢画画,经常在稚英画室里看父亲和金雪尘、李慕白他们作画。后来到上海育才中学读初中,学校把我的画集中在一起,给我在走廊里面办了一个画展,为期一个礼拜,这在当时是空前的。

姜 那您当时画的是一些什么样的作品呢?

杭 什么都画。有的根据家中画室订阅的外国杂志上的内容,有纪念秀兰·邓波儿的画,还有一些卡通人物、各种小动物等。

姜 那时候家里就订阅外国杂志了,您小时候的生活一定非常富足优越。

杭 据李慕白说,我父亲在世时,我们家的稿费收入一个月可以买一辆汽车。那时候黑社会老大都是八匹马的马车,除非外国买办才买得起汽车。但是我们家没有买车,就一辆黄包车,在我初中的时候还有黄包车接送。高中的时候我买了一辆自行车,后来这辆自行车还给我儿子大播骑过。我记得家里人最多的时候,保姆就有七八个,还有奶妈。后面的披屋都是我们家佣人住的,有每个房间的保姆,做饭的、拉车的。我们那时候开支都不是付现金,是记账,记完账年终就到我父亲这里来结账,每年开销巨大。我祖父管理平时的生活开支,我记得我母亲每天早晨要买菜,就到我祖父那里去拿买菜的钱。我祖父就是总的大管家,我父亲在家里是大甩手,我母亲非常贤惠。

姜 您读小学时,抗日战争已经爆发了,这对您的学习生活带来什么影响?

杭 我小学在工部局北区小学就读,就是上海北火车站旁边,工部局小学相当于我们的民政局办的小学。我8岁那年,日本人占领租界把英美人都赶出去了。从门口走进我们学校的马路很狭窄,日本关东军戴的帽子后面是带飘带的,他们冲

民国三十六(1947)年,杭鸣时就读的上海育才中学同学合影。第三排右数第12位为杭鸣时,第8位为他的好朋友戴坤生,新中国成立初期任职苏州市副市长。

1949年,杭鸣时参加上海解放首届学生代表大会,在文印组工作,是大会现场小记者,给参会的时任上海市市长陈毅拍过照。右图为票选新一届学生代表大会主席时,杭鸣时担任监票工作。此照片在当时的《文汇报》上随新闻报道刊登过。

进来杀气腾腾的。我们学校的围墙比较矮,我就把两块石头垫起来站在上面,一看到日本兵,把头赶紧缩回来。日本人取消了学校的英语课,改上日语,打分的时候却是用英语A、B、C、D档来分高低(笑),我当时觉得这很好笑。

姜 您后来是不是一直在工部局的学校念书?

杭 我初中毕业后因为没有考上工部局高中,就去了现在上海江湾路沈钧儒办的上海法学院普通科高中念书。我念高中时,班上同学大多来自嘉兴、苏州、上海农村,家境比较差。我显得比较特殊一些,虽然那时候父亲去世了,但是我父亲还留下来一些英国料子的西服啊什么的,我母亲也想纪念我父亲,希望我长得快一点,就把我父亲的衣服改给我穿,我穿这种衣服上中学特别显眼。高中的时候班上有四个女同学,我那时候虽然很活跃,但是看到女生不敢讲话。有一个女同学是国民党军官的女儿,我对她很有好感。但是她的父亲新中国成立后去了台湾,因此她基本上不和外界接触,我鼓起勇气和她表示过,可是她都没有反应。(笑)

姜 您和姐姐一起到张充仁画室练习过素描,怎么会想起去那儿学习呢?

杭 我父亲虽然不主张我学美术,却还是愿意我有艺术修养。我父亲因为是学徒出身,有一点自卑,当时张充仁刚留学回来,父亲就把我和姐姐送到那里去学习素描,练习画圆的、方的铅笔线条,画明暗的关系。他教我的是法国派,就是画什么都要仔细编,这让我当时很开眼界,但同时也导致我后来的素描画什么都编,就是没有整体,死抠局部。

姜　那时候您多大,这段学习对您的绘画有哪些帮助呢?

杭　那是我念初一的暑假。张充仁水彩画得很好,概括精练,颜色准,有力度,而且有中国花鸟画的味道。比如,在一张白纸上直接画一条鱼,主题生动,不画背景,有主有次。我没有亲自看过他作画,但是临摹过他的水彩画《威尼斯》。他有个叫哈定①的学生,是少数民族,是上海有名的画家,当时我和姐姐去画室学习的时候就是哈定教我们。我的水彩画受张充仁影响,后来在鲁迅美术学院读书时,我画的水彩画,同学看了都说比老师画得好。

---

①哈定(1923—2004),回族。上海人,擅长水彩画、油画。青年时期师承张充仁先生。上海著名肖像画家、美术教育大家。50年代创办"哈定画室",是继徐咏青、张充仁等前辈画家之后我国第二代水彩画家中的杰出代表。

老照片中的光景

姜 您是在上海出生的吧。

杭 我出生的地方是位于上海闸北山西北路与海宁路的交汇处,是一所公馆式的大院,当时很有气魄,据说在清朝时是一位朝廷大官的府邸,后来成为江、浙、皖三省丝茧公所,新中国成立以后由政府接管变成了托儿所。我就在这个大院里长大,整个大院由中式房三进和西式花园洋房两部分组成。我们家租下了整座大院的四分之三,也就是中式房二进及西式花园洋房。

姜 这幢房子现在还在吗?

杭 拆了,我还特意去寻访过这处老宅。

姜 拆掉的时候,画室里所有的东西怎么处理的?您面对被拆掉的房屋,当时是什么心情?

杭 很多都变卖了,画啊、书啊,"文革"的时候还被抄掉、烧毁一些。觉得很可惜,但是没有办法,时过境迁啊。

姜 您父亲的稚英画室就在这里办公吗?

杭 在二进的中楼房,有40多间房子。二楼阳台的对面就是稚英画室,因为房间多,当时装了5部电话,方便接听。这张是当时非常火的一位电影演员照片,在菜市场卖小菜的小摊上都能买到,我父亲会参考这些电影明星的照片来创作月份牌。我祖父就在这里持家,给我们上《朱子治家格言》。

姜 您小时候会经常在这个花园里玩吗?

杭 是的。这是个精致的小花园。院子里的这面墙上斑斑驳驳的,楼上是铸铁的栏杆,我的印象很深刻。这个洋房前面还有一个小花园,花园里有回廊。回廊旁边还有长长的葡萄架,葡萄架下有一张圆圆的石桌,桌旁有四只圆圆的石凳。

杭鸣时父亲杭稚英创作月份牌参考的电影明星(徐来)的照片。

李慕白抱着儿时的杭鸣时。

姜 这只猫是您家养的?

杭 大概是吧,我们家养的猫我都能认得出来,像一只小老虎似的,皮有点纹理。

姜 您小时候很胖哎,脸圆嘟嘟的。

杭 他们叫我苹果脸。

杭 这是我父亲前妻卧室的格局,我根据这张照片画过一张粉画《浴后戏猫图》。我母亲住的是西式花园洋房,一共有10多间房屋,每一间房屋都很别致,都有吊顶,有卧室、客厅、阳台、厨房,还有小花园。

姜 这些照片上小孩子们穿的衣服现在看也觉得很好看,很时尚。

杭 我们家有很多服装,原苏州大学艺术学院院长廖军夫妇出了一本《中国服饰

（右一为杭鸣时）　　　　　　　　（第二排左一为杭鸣时）

杭鸣时小时候在花园里玩耍，嬉戏的猫，儿时的伙伴。

百年》,这本影集的照片他拍了不少作为参考。

杭 这是李慕白抱着我。我舅舅很时髦,率先剃了个光头,他问李慕白敢不敢剃,李慕白跟着就剃了光头。

姜 您大舅也是搞艺术的?

杭 他是在上海广告公司工作,做过龙虎仁丹、中华制药这些品牌的广告。后来到稚英画室,不做月份牌,搞包装设计。我姨、我叔叔、我婶婶、我祖母的两个姐妹……他们都在我们家生活的。

姜 您家是一个大家庭啊。

杭 大家庭。另外我们家好像旅馆似的,来了就住,住了想走就走了。我二舅本来在上海三一印刷厂做修版的,新中国成立后,政府要印刷人民币,就把他网罗到北京去了,他到北京报到的时候穿的都是解放装。他在北京落脚了,我跟李慕白夫妇、金雪尘,都去北京玩。

全家在杭州灵隐喝茶。左起:姐姐杭观华、祖父杭卓英、母亲王萝绥、杭鸣时、父亲杭稚英。

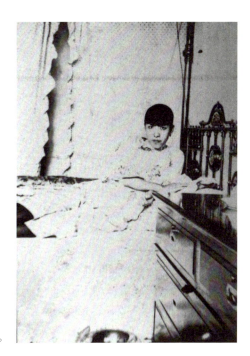

杭鸣时父亲杭稚英前妻(因病去世)的卧室布局。

杭鸣时创作的粉画《浴后戏猫图》。

这是父亲去世前带我们全家去杭州游玩拍的。父亲一直向往到北京去,但是那时候北方有军阀,动乱不堪,所以父亲一辈子没去过北京。

　　这是我父亲的好朋友叶廉生,自己开了一个印刷厂,叫上海集成印刷厂。我祖父是商务印书馆印刷厂的中文秘书,他是英文秘书。我父亲用的名片、封套、口袋、牛皮纸等东西都是在他那里印制的。

姜 像这样的影集有多少本?

杭 一共有50多本,这几本我带到东北去没有丢,留在上海的几十本"文革"时都被我小弟弟偷着烧掉了,特别可惜。

姜 小弟弟为什么偷着烧掉了呢?

杭 那时候他害怕,于是就烧了,一了百了。

姜 家里有这么多影集,您特别喜欢摄影吗,您的第一部照相机是什么时候买的?

杭 我的第一部照相机是16岁时花6块钱买的,是只能拍6张照片的儿童玩具相机。我高中毕业后在画室第一个月按比例分成拿了一百块钱,我交给我母亲,

叶廉生和他夫人合影。

她又返给了我一些零花钱,我就用这个钱买了一部相机。我父亲原本有一台德国的照相机,抗战的时候家里经济窘迫被典卖掉了,没有再赎回。我在上海四川路一家商店里面看中了一台日本产的二手相机,和我父亲的差不多,我就用在画室的第一笔薪水把它买回来了。后来"文化大革命"抄家的时候被弄掉的就是这部照相机和另外一部莱卡相机。

姜 那时候,这样一部相机要花多少钱?

杭 二三十块钱。那天,我买完照相机,还去看了一场电影,在电影院旁边吃了一顿西餐,在路边摊子上买冰冻西瓜,比家里的好吃,冰冻的,比较刺激。

姜 那时候家里还没有冰箱吗?

杭 没有。抗战胜利以后想买冰箱,那时候买冰箱像邮购一样,付了定金拖了好长时间没有送货来。结果给了一个军用的收音机,还给了二十条纯羊毛的美国进口围巾,冰箱就没有了。

姜 您照相的技术是跟谁学的?

杭 我姨父、我小舅他们都教我。没有买照相机的时候,我姨父的照相机我借来被摔坏过。就是在公园拍照的时候,不小心碰到了三脚架,虽然镜头没摔碎但是焦距对不准了,我姨父挺心疼的,但是他也没有说我什么,可是我内心很难过。后来我自己摸索学会了冲洗、放大。在鲁艺读书时还买了一个放大机。

姜 您特别喜欢照相,您觉得照相跟绘画之间有什么关系吗?

杭 照相构图和绘画构图相通。虚实焦点要近实远虚,照相是一门技术活。很多速写当时来不及画,我照了相就有根据了,每次拍下来的这些素材我都保留着。再次创作时,虚幻写实的空间有之前的照片作为根据,我就比较放心大胆地动笔。

姜 您有自己特别喜欢的照片吗?

杭 这张照片是我最喜欢的。给我拍照的这个摄影家叫赵辉。他说,国内很多摄影家就会咔嚓咔嚓,不用脑子。千人一面,一种套路的婚纱照就是最差劲的摄影。赵辉是亚洲十大艺术摄影师之一,享誉国际,专门给党和国家领导人、电影明星拍照,很多日本的、德国的胶卷设备都免费供应他。苏州请他来拍一本宣传城市的画册,我们在一起吃饭,他看着我很有艺术家的味道,就想拍我。吃完午饭我们就到摄影棚去拍,一共拍了400多张,从中挑选了2张。后来我在北京办画展,这张照片也是展览的片头,有很多人以为是我的自画像,其实是照片。

姜 照片只是记录,绘画是再现。所以,绘画的表现力会超过照片,是吗?

摄影家赵辉镜头里的杭鸣时。

杭 绘画就应该超过照片,不超过照片你画画干吗?我姨父给我母亲30岁时画的那幅粉画肖像,除了接触母亲本人以外,也是根据我母亲的一张黑白照片来画的。相对于照片,他画的神态更舒服,颜色完全是欧洲古典唯美派的色彩,我母亲庄重典雅的仪态超过照片。画肖像就是要对被画的人越熟悉越好,达·芬奇画蒙娜丽莎就画了4年。

姜 您根据父母的结婚照创作过一幅粉画,是不是超越了照片带给你的感觉?

杭 对。上海王开照相馆出了一本关于老上海婚纱照的书,里面有各种各样及中西合璧的结婚照片。有蒋介石、宋美龄的,有杜月笙和他夫人的,还有很多新人的集体结婚照,包括我父母的3张婚纱照。这家照相馆新中国成立以前专门给名人照相,因为有个废弃的仓库没有被人发现,这些珍贵的老照片得以被保存,后来出版了这本画册。我父亲曾经画过一张集体结婚的月份牌画,就是根据这家照相馆的集体婚纱照照片改画的。我看了父母的婚纱照后,就想用粉画给我父亲母亲画一张婚纱照,没有全部画完,拿到海宁展览就送给海宁博物馆了,后来我想再画一张但是始终就没有那个心境了,画了一半就搁置了。

姜 您在创作这幅画的时候,会勾起您对父母的很多回忆,您对母亲有些怎样的印象?

杭 我父亲和母亲是邻居,住在同一条弄堂里。父亲属牛,母亲属马,母亲比父亲小5岁。他俩经由上海一个名叫夏巨川的大企业家介绍而结合,夏巨川是上海华品烟草公司的经理,我还记得小时候看过他在埃及金字塔前面拍的照片。

因为我身为长孙的特殊身份,我在前院和祖父生活在一起,母亲在后院。小时候很多活动都是祖父带我一个人出去,我母亲带着我姐姐出去,所以我和母亲稍微疏远一些,接触不多,我们见面的机会也不多。我长大后更多感觉到我母亲对我的爱很深。我从东北鲁艺放假回到上海,那时候我祖父已经去世了,因为我喜欢吃大饼油条豆浆,有一次,下着雨,母亲为我撑着雨伞,陪我坐在菜市场的一个地摊上喝豆浆,她自己不吃,默默地给我一边遮挡风雨,一边等我。母亲是典型的中国传统女性,善良温柔,贤淑勤快,相夫教子。全家人最多的时候,老老少少上上下下有40多人都是她来协调安排。我祖父掌管经济大权,每天母亲都要到祖父那里去拿钱买菜。在抗日战争爆发的最艰苦的时期,母亲去排队买户口米,到火车站去收面粉、苞米、地瓜,那时候大部分好米都被日本人拿去做军用了,户口米是不够吃的。母亲省吃俭用维持这么大一个家庭确实非常不容易。那时我每天放学回家,母亲总会在路口等我,就近在小摊上买两只香葱猪油蟹壳黄,或一块糍粑糕,一块鸡蛋煎饼,看我狼吞虎咽地吃完。我知道那是她从牙缝里省下来对我的特殊照顾。上海解放以后,她又开始学文化。尽管之前她都没有念过中学,但她是街道委员,街道里面有纠纷她就去调解,山西北路这里面这么多的邻居,都是在我家的影响下搬进来的,她有这个群众基础,每次给人家调解都很成功。

我很敬佩我的母亲,她的坚强与韧性是我在自己的人生道路上的精神支柱。当年姨父为她绘制的粉画肖像,我一直视为至宝随身携带,不仅因为这幅画让我与粉画结下了不解之缘,更重要的是,只要这幅画在身边,我就觉得母亲一直陪伴在我身边,不断激励我在任何艰难困苦之下都不消磨自己的意志和理想。

姜 母亲对您的成长影响这么大,有没有在您的绘画中有所表现呢,您是否想过像李慕白那样为母亲画一张画?

杭 我给母亲画过水彩肖像,去世时也画过遗像,但都没有姨夫给我母亲画的那幅粉画肖像好。

杭鸣时根据老照片用粉画重新创作了父母婚纱照。

杭氏家风一脉相承

姜 您的曾叔祖父杭辛斋和叔祖父杭毅都是历史上有名的人物,他们对您的成长有什么影响?

杭 我的堂房曾叔祖父杭辛斋主张维新,光绪皇帝曾密旨召见过他两次。辛亥革命时,袁世凯曾以"阁员"及10万银圆和北京大耳胡同的豪华宅邸为诱饵对他进行收买,然而他不为所动,与孙中山往来,并参与倒袁的斗争,后来被逮捕,直到袁病死才恢复自由。他还是中国报业方面的领军人物,创办了《白话新报》等4份报纸。他被袁世凯抓进监狱两次,在里面遇到了一个老道人,教他学习易经,后来又成为世界都有名的研究《易经》方面的专家。

我的叔祖父杭毅投笔从戎,在黄埔军校和叶剑英是同班同学,出过一本书叫《宪兵学》。他很受蒋介石器重,历任杭州市公安局局长、杭州市市长,后来又调到西安,杨虎城将军的府邸就是他为首筹建的。蒋介石发动"4·12"反革命政变后,他对政见不满就告假回老家长安了,盖了一栋别墅,新中国成立前我去看过一次,却是很简陋的一栋大房子。新中国成立后因为他是国民党官员而挨整,"文革"期间要批斗他,但西安的老百姓联名保他,说他是勤政廉洁的清官,这在当时非常罕见,可见他非常正直深得民心。叔祖父非常喜欢我的父亲,经常来我们家,只要他一来,就是我们全家的盛事。我的父亲杭稚英和我都受我们杭氏家族家风的影响,为人耿直、豪爽、敢创敢干。

姜 您觉得你们杭氏家族一脉相承的有哪些品性?

杭 爱国,为人正直,乐于助人,敢于创新,直言不讳。

姜 2014年9月2日,杭州图书馆佛学分馆举办了纪念杰出的社会活动家、新闻出版家、《易》学大家、民国元老杭辛斋先生诞辰145周年暨杭辛斋《易》学研讨会。

1935年在上海拍摄。从上到下,第一排左起依次为:杭少英(叔父)、杭定安(叔祖父)、杭卓英(祖父)、杭毅(叔祖父)、杭稚英(父亲)。第二排左起依次为:李萝渔(婶母)、安定夫人、伍老太爷、七姑太太、王萝绥。第三排左起依次为:杭粹华(胞妹)、杭重华(堂姐)、杭观华(姐姐)、杭鸣时、三位小妹,可能是定安家的。

您作为杭氏族人也参加了,有怎样的感受?

杭 这个活动虽然是属于民间组织的,但举办得比较隆重。在研讨会上,把我的堂房曾叔祖父杭辛斋、叔祖父杭毅、父亲杭稚英和我作为杭氏族人的代表人物,作为杭氏族人的骄傲进行了隆重介绍。小时候,我知道我们家有个家谱,归我祖父管理,过年过节祭祖都会拿出来,用一个大镜框装着。"文革"期间,我那个最小的弟弟破四旧,把家谱、照片等物件全部都烧掉了。这次,在杭州浙江省图书馆里面居然发现了杭辛斋手抄的家谱,他写的小楷字体跟我祖父写的很像。这次聚会让我对我们整个家族家风有了更深的了解,对父亲的为人也更加深了一层理解。受了一次很好的家风教育。

姜 您父亲凭借月份牌在上海声名鹊起,他的为人更是有口皆碑。您是否受到影响？

杭 我家是一个有 40 多口人的大家庭，待人接物，怎么接待法，怎么个态度，我平时耳濡目染，肯定就受到一些影响。凡是到我们家来有求于我们的，我父亲都会热心、有礼貌地接待。也有耀武扬威来的，我们家都是不卑不亢。父亲一生古道热肠，为人热忱侠义，在上海素有小孟尝君之称。经他帮扶的人不计其数。

姜 父亲有哪些乐于助人的具体事例让您印象最为深刻？

杭 和我父亲合作的达华印刷厂给了他一个协理的职位，一个月也给他一点工资，这个工资对他来讲没有多少钱。作为协理他每天会去印刷厂坐一会儿。那时候我在育才中学念书，距离达华印刷厂比较近，有时候我会去印刷厂看经理们一起谈天，等着我父亲的车来接我一起回家。印刷厂的办公楼有一间很大的办公室，里面有一个姓项的职员，他家人口比较多。我父亲觉得他这个人挺好，就把自己在达华印刷厂每个月的工资全部给了他。

姜 父亲的这个举动坚持了多长时间？

杭 一直到我父亲逝世。

杭毅在杭州创办的育婴堂，免费收养孤儿。

姜 这是您亲身见证的父亲的义举,可能还有很多是您不知道的。

杭 不知道的多了。我家里要供应40多口人的吃穿住行,早就是小"共产"了。南京路上几家大的卖布料的公司,都有我们专属的折子,这折子不是购物卡,就是记录交易的凭证。我们这些亲戚朋友,女的剪旗袍料,男的剪西装料子,每次记账下来,一年结一次账。我们家有个花厅,很大很凉快,夏天的时候,从乡下收来的西瓜就摆在花厅里,一层摆满了,摆第二层,放不下了就摆在过道里。除了我们40多口人之外,还有其他邻居小孩子抱了一个就回去吃,我们都不会去计较这些事情。另外,我家的一位同乡,在商务印书馆学油墨制造,他没有工作,我父亲就给他拿一笔钱开油墨制造厂,叫"赫永油墨厂"。

姜 画如其人,那您的画作有没有受到他这种豪放侠义的性情影响?

杭 体现在我的作品上,这种影响很微妙,在无意识当中。我有的作品会给人以豪放侠义的感觉,但是画一个温柔细腻的女人体,她既不是花木兰又不是梁红玉,我就不可能豪放。

姜 你父亲不仅乐于助人,而且非常正义、爱国。抗战期间,曾有日本人找上门来请你父亲作画,被你父亲拒绝了。

杭 抗日战争时期,我们全家从位于山西北路的杭家大院搬迁至原法租界的霞飞

杭鸣时的父亲杭稚英。

路的和合坊,租了两套石库门房子作为居家和画室之用。当时日寇允许和倡导的月份牌大致有两类,一类是色情类,另一类是宣传"大东亚共荣圈",为日寇侵略推波助澜。我父亲对这两类是坚决不染指的。有一次,一个日本人上门拿出20根10两一根的金条往桌上一摆,要求我父亲作画,反映中日友好邻邦的美女生活情态图,还要写上"大东亚共荣圈"的横幅。我父亲要是答应他们作画,就成汉奸了。于是,他装病拒画。我父亲有气管炎,当时鲜血都咳在白手帕上,他对日本人说现在手发抖,画不出来了。日本人只得收了金条悻悻地走了。拒绝了日本人之后,父亲就不好再画月份牌和广告画了,家中经济开始拮据起来。自从我父亲打出一片江山以后,从海宁过来投奔他的有很多人。突然没有了经济来源,这很多人的吃喝拉撒就成为老大难问题,父亲只好借债度日,直到抗战胜利。记得传来斯大林格勒取得全胜的消息,有人很秘密地在法租界放映一部纪录片时,父亲通过朋友弄到了两张票,冒险带着我去看。看完后,他像一个小孩一般欢呼雀跃起来。

姜 除了不给日本人画画,父亲还拒绝给谁作画?

杭 有一次,上海滩上的黑帮老大黄金荣的两个徒弟找上门来,要我父亲绘制黄金荣的肖像,用来烧制有黄肖像的陶瓷器皿。父亲尽管是靠手艺吃饭,做生意不依靠黑社会,但他知道一旦拒绝这帮无恶不作的黑社会,他们不会善罢甘休。可是他又不愿意违背自己的道德良知,最终还是婉言拒绝了这两个人的要求。为了避难,父亲无奈之下躲到苏州、杭州避风头。一个月下来,大家都心惊胆战的,父亲因此瘦了10斤。

姜 您父亲既不会巴结权贵,也不会去巴结黑道。他生活上是不是很朴素的一个人?

杭 我们家对生活还是比较讲究品质的,穿的衣服都是英国的料子,请沪上著名的裁缝拿了样本到家里量体裁衣。我小时候的西服也是这样做出来的,先给你看好哪个料子、厚薄、样式,裁缝大致做好了穿上再看合不合适,重新修改,改好了再拿来。

此外,父亲是一个思想很开明的人,非常乐于接受新事物。新中国成立以前,他申请了一个中央储蓄会基金,类似现在给小孩买教育保险,男孩12块钱一个月,女孩6块钱一个月,每个月都要按时支付,等孩子长大了供教育使用。新中国成立以后这个钱被冻结了,后来落实政策认为这是民间的钱,人民政府为人民,这个是人民的财产,如果当国民党的资产充公,那老百姓吃亏了,所以又重新拿回来返

杭稚英创作的四条屏：历史女英雄屏——《花木兰》《洪宣娇》《红娘子》《梁红玉》。

杭鸣时访谈录

还给我们。后来我们上学维持家里面生活还真用上了这个钱。

姜 抗日战争时期,您父亲因为拒不给日本人作画不能创作月份牌和广告画,家中生活陷入困窘。这个时候还有人来寻求您父亲的帮助吗？他会不会因此而拒绝？

杭 抗战期间,上海的月份牌画家因为接不到什么业务,生活上都很艰难。上海有名的月份牌画家郑曼陀也不例外。有一天,他来看我父亲,无意中谈到自己生活拮据的情况。我父亲二话不说,从我妈妈那里取了全家人三天的伙食费给他,可是郑先生婉言谢绝了。后来,父亲就从画室里珍藏的纸张和颜料当中,拿了一些挪威码头纸和美国的16号颜料,让金雪尘送到郑先生府上。当时,这些材料的来源都已断绝,面对这些雪中送炭的宝贝,郑先生感动得热泪盈眶。原商务印书馆的老师何逸梅①先生因香港沦陷辗转回到上海。当时,上海的房子很紧张,他一直没有找到合适的住处。我父亲就将老先生全家接到我们家,并请老先生加入画室,安定下来。

姜 您父亲在抗战期间创作的《木兰荣归》,其实是用另一种方式来支持抗战。您记得当时是怎么创作的吗？

杭 抗战期间,我们又不能拿枪,也没有跟着国民党跑到重庆去。像我父亲拖家带口40多口人,只能待在上海。上海被日本人占领后,我父亲他们都很想为抗日做些事情。黄裔昌是我父亲这个圈子当中比较有组织能力的一个人,他曾经出版了《中国工艺美术年鉴》这本书。他组织13个画家一起画《木兰荣归》,寓意我们抗战胜利。那时候我父亲刚画了一套中国历史上的巾帼英雄四条屏——《花木兰》《梁红玉》《红娘子》《洪宣娇》。《木兰荣归》整幅画由著名年画家郑梅清先生设计,周柏生起稿,我父亲画花木兰,吴志厂画双亲,谢之光、金肇光画木兰姐弟,金梅生画孩童,李慕白画副将元度,戈湘岚、田清泉勾勒双马及护兵,杨俊生做背景。

姜 这幅画是您父亲他们以自己的方式表达对抗日的参与,那它在当时是如何传播的？产生的影响如何？现在还能看到吗？

---

①何逸梅(1894 - 1972),现代月份牌画家,号明斋。江苏吴县(今属苏州)人。上海商务印书馆图画部第一批练习生之一,学画刻苦用功,中国画和西洋画均能,又擅长工商美术设计,得到老师徐咏青器重。1915年徐咏青辞职离开商务图画部后,该部门实际由何逸梅主持。

杭 当时是画家们自己花钱印刷传播,影响很大。新中国成立后,李慕白根据以前的《木兰荣归》重新创作了一幅一样的作品,也印刷出版了很多。

新中国成立后,李慕白根据杭稚英等人的《木兰荣归》重新创作的作品。

开启绘画人生

- 受我父亲影响，我也喜欢逛百货公司，在沈阳的时候，我是拿着粮票、油票去买东西，还要看服务员脸色。当时沈阳的服务员态度非常恶劣，就好像他们家的东西我要抢去似的。（笑）这个过程其实就是接地气，要观察生活。

- 父亲原本想让我学医，或者学理工科。可是我对那些都不感兴趣，我只能学艺术学画画。

- 我很想把父亲的画室继承下来，但后来还是放弃了稚英画室，考取了鲁迅文艺学院。到了鲁艺，我都不敢提我父亲，怕大家有成见。

- 我也知道自己画得不如意。第一张素描老师发现我抠局部，缺乏整体观念，要我扭转过来的时候，我很痛苦，涂涂改改，画得漆黑一片，我以为老师会给我打低分，结果他给我打了很高的分。

- 我出名是比较早，因为我大学一毕业，就发表出版作品，不断有作品入选画展，有的被收藏，有的还获奖，名气就一点一点响亮起来了。

- 那个时候我就是自我勉励，发愤图强，在那个十平方米的小屋子里面，上午开会搞运动，下午在床上趴着画画。

父亲不可磨灭的影响

姜 您父亲被誉为现代商业广告之父,他是怎样走上月份牌创作这条道路的?

杭 我父亲从商务印书馆出来自立门户后,最开始的工作室在上海虹口鼎元里,后来搬到山西北路430号的江、浙、皖三省丝茧公所。他创作的第一幅个人名义的作品是《闲游春阁》月份牌,由威廉士药局印制,当时得到了300块大洋的稿酬。

姜 这个第一幅作品现在能够看到吗?

杭 找不到了。

姜 在您父亲之前,月份牌都是以传统的古典人物入画,作为以现代时尚女性为月份牌绘画重要题材的第一人,他是怎样完成这个转变的?

杭 当时的电影都是黑白无声的,中国画也比较淡雅。月份牌作为广告颜色不够靓丽,他做了很多改进。为此,他经常去商城、学校、工厂、邮电局观察时尚女性的举止、服饰等。他还会去电影院观看国产电影和美国的好莱坞大片,受到美国迪士尼公司动画片的影响,他决定将动画片中艳丽的色彩移植到月份牌绘画中,让月份牌画的色彩更明快,华美艳丽,富于时代气息。为了实现这样的色彩效果,他托人从美国订购了16色盒装水彩色颜料,从挪威购买了匹配颜料的新型卡纸,这种纸张肌理细腻,纸基坚实,适应于用擦笔水彩。从古典形象到时尚女性粉墨登场,从用色到纸张,父亲对月份牌的内容和形式都开始进行创新。此外,父亲还对月份牌的技法做了改进,用喷笔来调整画面的色调,表现色彩的细腻过渡,使画面虚实有致,主次分明。

姜 那在这个创作的过程当中,您父亲是怎样捕捉上海最时尚的新鲜资讯的?

杭 月份牌是时尚的代言,社会上有什么新鲜事情我父亲马上就画出来了。那时候没有网络,就靠月份牌推广现代生活,月份牌还可以传播到偏远的农村,商品还没开始销售,月份牌就已经传播出去了。女子要观察时尚,都看月份牌里面的旗袍穿什么样子,长的还是短的,领子是高的还是低的,开叉是开到哪里,是什么发型。月份牌作为时尚的晴雨表,我父亲怎样才能在创作月份牌时捕捉到最新鲜的时尚资讯呢? 以《摩托女郎》为例,画面上,一个时尚女郎驾驶着一辆全新的"124"号牌照的摩托车行驶在宽阔的大马路上。我父亲主要是参考进口杂志里面来自美国的摩托车女郎,中国的摩托车那个时候还没有女子开呢。他不仅把那个摩托女郎画成中国人,而且还把那个衣服胸口敞得特别开。即使时隔70年后的今天,我们再回过头来看这幅作品,时尚感依然扑面而来。

姜 从传统的月份牌题材到推陈出新很多新的构思和题材,这个创新是怎样完成的?

杭 我父亲的创作题材非常广,知识信息量非常大。他把国外有名的杂志都订回来了,大量阅读,博采众长,画室就像一个图书馆。比如,骑摩托车的女郎,他就是根据国外一些资料把摩托女郎换成中国人。此外,生活当中有什么新事物,他

杭稚英创作的自行车女郎月份牌,背景为杭州里西湖宝叔塔,自行车为舶来品,典型的中西融合。

的画面也会马上反映出来。随着月份牌女性形象越来越鲜活生动,父亲开始思考月份牌的创作题材。一方面,父亲创作了《女子读书》《打网球》《女子读天演论》《海滨戏耍》《品赏》《双燕迎春》《琵琶曲幽》《赏寻图》等一批极具现代造型意识,美术装饰和图案纹样中西合璧的月份牌画。这批月份牌年画融传统和现代为一体,无论是科学的透视法,构图的严谨,还是肌理的深层化,都洋溢着时代的气息。上海最新潮的建筑——大世界、跑马厅、永安百货大厦,现代化的交通工具和一些寓教于乐的科普故事等都是这一类月份牌的创作题材。另一方面,他对一些家喻户晓的历史故事、名著典故进行再加工创作。比如在《三国》《水浒》《西厢记》《红楼梦》《西游记》《二十四孝》等传统剧目题材基础上,推陈出新了很多新的构思和题材。

姜 您父亲借鉴卡通形象来画月份牌,是从哪些渠道获取信息的?

杭 我爸爸那个时候没有里通外国。(笑)那个时候外国商品可以直接进来,我们家有个小图书馆,长期订阅国外的杂志作为画画参考。上海商贸发达,父亲会经常到百货商店看女同志穿的是什么布料,布料上印染的是大花还是小花,旗袍

《双美寻梅》杭稚英 1930—1935 年作。　　《琵琶曲幽》杭稚英 1930—1940 年作。

是高领还是低领,理发店流行什么发型,戴什么饰品,手表、戒指这些细节他都会一一注意观察。

姜 您父亲善于从生活当中观察借鉴的能力,您也耳濡目染。

杭 我这个观察的能力比我父亲差多了。受我父亲影响,我也喜欢逛百货公司,在沈阳的时候,我是拿着粮票、油票去买东西,还要看服务员脸色。当时沈阳的服务员态度非常恶劣,就好像他们家的东西我要抢去似的。(笑)这个过程其实就是接地气,要观察生活。罗丹说,生活当中不缺乏美,缺乏发现美的眼睛。可能别人看看一般,艺术家看就能发现美。这种对美的观察就是一种很重要的能力。

姜 您父亲订了那么多画报杂志,哪些杂志对您影响最深?

杭 《LIFE》杂志、《幸福》杂志,还有《VOGUE》时装杂志,英国的《地理》《环球》《美术生活》等。我的眼界比较开阔嘛,比一般人看的东西多一点。

姜 除了月份牌外,您父亲做过哪些广告?

杭 父亲静心制作了许多小广告,至今不少产品是我们耳熟能详的。比如白猫花

杭稚英创作的月份牌广告画。

杭稚英创作的各种时尚女性形象，中间一张图是以杭鸣时母亲为模特创作的。

布(我们熟悉的白猫牌洗洁精的猫头就是由白猫花布演绎而来)、阴丹士林布(商标)、美丽牌香烟、杏花楼月饼盒、早期的双妹牌花露水、泰山牌雪茄烟、龙虎仁丹、五鹅牌衬衫、虎标万金油、乐口福麦乳精、冠生园食品等品牌的商标都出自我父亲之手。在当时的上海,我父亲的订件占了半壁江山,那些烟厂、药厂、染料厂、化妆品厂、服装厂彼此互相竞争,但是都信任我父亲。后来还有学校邀请我父亲去当校长,他不愿意去,因为他觉得自己没有什么理论可以讲述。

姜 您父亲是现代商业广告之父,您却不愿意接触商业广告画,这是为什么?

杭 我在7岁时写生画和速写都已经十分得体了。但是因为当时一些所谓有资历的艺术家对商业美术嗤之以鼻,甚至盛气凌人。我父亲一度不想让我学画。1936年,中国商业美术家作家协会成立,父亲牵头筹办了第一届商业美术展览会,并精心设计出版了商业美术展览会作品选集。在第二年协会的一次茶话会上,在讨论色彩时父亲发表了自己的看法,被一位专业画鱼的画家打断并嘲讽:"你也配谈色彩!"这事对父亲打击很大,他当时没有争辩,不发一言。回到家时,我正在学习绘画,他一把夺过我的画笔抱着我说,你长大了最好去学医。他觉得医生救死扶伤,非常高尚,医患之间非常真诚,没有社会上的虚伪。后来父亲见我对绘画很是痴迷,也就没有坚持。但是他一再和我说,绘画作为一种职业这是痛苦的,你长大了可以业余搞纯粹艺术的画,自己随性,想怎么画就怎么画。

姜 您父亲觉得商业广告尴尬在哪里?您后来的路子走的是纯艺术道路,是受到父亲的告诫影响吗?

杭 我父亲觉得商业画受制于人,企业家出题,要按照他们的宗旨来画。有些广告客户非常庸俗,会提出一些无理的要求。为了商业,他不得不迁就对方,违心地画一些自己不愿意的画,这是商业广告画的尴尬。比如有人要我父亲画《八仙打麻将》,要画满地的钞票,像这种荒唐的要求,拿了人家的钱,有时候就必须画违心的东西,所以金雪尘说,这就像妓女一样听命于人。因此父亲想让我学医,或者学理工科。可是我对那些都不感兴趣,我只能学艺术学画画。

姜 在一些以解放前的上海为背景题材的影视作品和书籍当中,您父亲的月份牌画总是会被提及,甚至一些书中的有些章节就从月份牌的描述开始。

杭 对。研究民国文化,绕不开我父亲。我在鲁迅美术学院教书期间,中央美院叫我去带研究生,教授月份牌的技法。我就带了一些画去展览,包括我父亲的《霸王别姬》。这幅作品在中央美术学院陈列馆展出,引起了不小的轰动。当时的中

杭稚英 1946 年创作的月份牌压轴扛鼎之作《霸王别姬》。

央美院是主流文化的代表,艾中信是中央美院的副院长,他看了这幅画之后,连声称赞这么好的画,过去误会太深了,没有好好研究。他说,即使中央美术学院的水彩画专家也不一定能画出这样水准的画,功力太深了。

姜 在您父亲的这么多月份牌画里,您是不是最喜欢这一幅《霸王别姬》?

杭 对。《霸王别姬》是由我父亲构思整体构图,李慕白画人,金雪尘布景,他们三人在1946年合作,画了一个星期。他们彼此之间配合默契,天衣无缝,可以说是我父亲的压轴扛鼎之作。当时这幅画是不是有商家订货我也不清楚,因为这幅画创作不久我父亲就过世了,这幅画也就没有拿到印刷厂去交付,所以才得以完整保留下来。

新中国成立后,关于这幅画,还有一个小故事。我去辽宁的辽阳化工厂体验生活,一名德国专家很喜欢我的画,邀请我到他家做客,然后就认识了这个化工厂的法国工程师,他也是一名业余画家。他老婆和女儿都挺漂亮,因为要发扬创作个性,他就把自己老婆的脸画得像外国杂技团里面小丑的脸,并且把这样的画还挂在家里。这名法国工程师看到我父亲画的《霸王别姬》,佩服得五体投地,当场都跪在地上,惊叹还能有这么出神入化的画。他认为我是大师级人物,家里一定很豪华,想来我家参观,实际上我家才12平方米。当时怕里通外国,辽宁省对外办表示不准把外国人领到我家里去,所以我领着他在我们校园里绕了三圈,三过家门而没有进去。后来有一次,这名工程师的母亲过生日,他极力邀请我去他家。我在他家里现场作画,一共画了三张画,送给了他一张。为了表示感谢,他还送给我一块手表作为纪念。(笑)

姜 "文革"期间,这幅画有没有遭遇损伤?

杭 那肯定有。"文革"期间抄家时被抄走过,当时我们很担心,这是典型的"帝王将相,才子佳人",害怕被他们销毁。所幸后来还给了我,只是有的地方掉了颜色,有的地方有水渍,还有一个地方被苍蝇把龙的颜色吃掉了一块。我拿回来后仔细补过了,但补过的地方看得出来,颜色新一些。当时,我们鲁艺有个裱画铺,老板很热情,帮我把画裱起来了。我们学校宣传部的一位领导认为霸王是儒家,杭鸣时把宣传儒家思想的画裱起来,他立刻上告到省委宣传部。省委宣传部派人过来查看,觉得画得挺好也没啥,这件事也就这么过去了。

姜 您的父亲一生中创作了多少幅月份牌?

杭 1600余幅。

姜 至今您保留的有多少?

杭 就是《霸王别姬》这一幅。新中国成立后,金雪尘和李慕白画的新年画,我保留了二三幅。

姜 您父亲的作品其他的都去了哪里呢?

杭 其他的都卖了。客户付钱后,创作出来的稿子被拿到印刷厂,在没有照相制版以前印刷厂依靠手工制版,四套颜色四块板。那时制版工人的工资比我们画稿子的还高呢,比如制一道眉毛,不能点多或点少,上一点和下一点不一致,眉毛就歪了。

姜 年画原稿制版以后还存在吗?

杭 年画原稿在制版以后就被四分五裂了。我在印刷厂看他们不要的,我就拿一些回来。

姜 您父亲在工作之余,特别喜欢旅游,在大好河山中寻找创作灵感。抗日战争胜利后,带全家去杭州游玩,关于这次游玩还有印象吗?

杭 抗战胜利后,父亲用两年的时间把8年欠的账都还清了。为了弥补这8年吃的苦头,父亲带我祖父、我母亲、我姐姐和我一共5个人去杭州游玩。当时,有外国人在杭州穿着三点式在西湖里面游泳。我们是传统节目——爬山,那时候没有缆车。我们雇了5顶轿子到旅馆来接我们。我当时觉得坐着轿子去旅游很不好意思,太遗老遗少了。我记得我要喝可口可乐,父亲不让我喝,说到这儿来还喝什么汽水,要喝就喝龙井茶。那时候我不懂品茶,我才16岁。我们全家在放鹤亭吃黄和尚酒酿,父亲对着孤山高兴得哇哇大喊,听着山里的回声,像小孩一样开心。

姜 您父亲回家不久就生病了,从生病到去世多长时间?

杭 不到一周时间。父亲从杭州回来就感觉身体不适,一周后的一天中午,我刚放学,金雪尘告诉我,爸爸病了,我马上赶回家,可是他已经昏迷了。父亲生病是有原因的。我父亲一直维持着全家40多口人的生计,我祖母排行老三,她的兄弟姐妹都在我们家。其中,老四的儿子在银行工作,因为喜欢赌钱犯了错误,要被调到江西去,全家都要一起搬走。我父亲那时候身体原本有些不舒服,就委托我叔叔去送他们到长江码头坐船至江西九江,结果我叔叔忘记去送他们。中午吃饭的时候,祖母家的老五哭哭啼啼跟我父亲说,今天她姐姐坐船离别,我叔叔都没有送行。我父亲生气一拍桌子,就中风了,眼睛当时都看不清楚了。我祖父进来叫他的名字,他为了安慰我祖父,就隐瞒他眼睛看不见的实情,说没事没事。可是,我祖父看得出来,因为我祖父叫他,他的眼睛却是看着别的地方。过了一会儿,他就开始打呼噜,不省人事了。他的一些很有名的医生朋友立即赶来救治,说他很危险,假如大小便都失禁,那就雪上加霜。正说着话,父亲就大小便失禁了。到晚上七点多钟,他打呼噜的声音越来越小,身体开始发凉,就这么过去了。

姜　那这中间没有采取什么措施?

杭　那个时候他也不知自己高血压,他也不抽烟喝酒。医生给他针灸,这样反而扩大血管的皮下出血,当时治疗没有太对路。

姜　医生应该还是很有名的?

杭　对。我父亲认识的医生都是很有名的,有一个医生我们当时叫他"仙人"。我们家大小毛病,他一来药到病除,但是这一次太突然了。我父亲去世以后安葬在静安公墓,我每个礼拜天都去给我父亲插花、扫墓。那里很多雕塑都很不错,"文革"期间全被弄平了。后来我母亲把我祖父、祖母、我父亲都葬在了上海的佛教公墓。

姜　您全家信佛吗?

杭　信。当时我家有个佛堂,每天磕头上香,过年过节都要请佛。我父亲是印光法师的门生,弘一法师也是印光的门生。弘一法师给我们家题的字现在在我弟弟家。金雪尘是居士,每天会念经诵读。

姜　那您信佛吗?

杭　我是无神论者。我觉得佛教宏大,能让人心胸开阔。完全要看破红尘我也不能,因为我还在追求生活当中的一些东西。(笑)

姜　为了纪念您的父亲,海宁在筹建杭稚英纪念馆,现在已经落成了吗?

杭　到现在还没有动静,提出这个设想到现在已七八年了,估计这个馆不会建了。我还花两万块钱请人做了一个我父亲的雕塑头像,现在也搁置在那里。

姜　您怎么看待父亲所取得的成就?

杭　父亲生在社会最动荡的时期,他是商务印书馆图画部学徒出身,后来又搞商务美术,主流文化始终不承认他的艺术,认为他是民间匠人,所以对他在圈子里面的地位,一直有争议。我认为这要看艺术家对社会、对人民有什么贡献。从社会、民族和他当时在社会变革时期的作用来看,我认为我父亲的艺术影响力比彼时一些西洋留学生大得多。现在对他有兴趣、研究他的人特别多,到我这来采访的也特别多,国内外都有。国外的评论家苏立文①写了一本由江苏美术出版社出版的《东西方美术的交流》,书中提到,"杭稚英在中西融合方面的贡献是很值得研究的"。原苏州工艺美院视觉传达系主任洪锡全认为我父亲《霸王别姬》这幅画和国外博物馆里的世界名画相比都毫不逊色。我是他儿子,如果我来评论我父亲,有自吹自擂之嫌。

姜 父亲在创作上哪些理念影响您?

杭 画家必须有高尚的人格,然后才有画格。画家笔下的美人必须赋予她高尚的品格,然后才能称其为美人。否则,不过是一具没有灵魂的躯壳而已。当然,这种赋予必须尊重历史的真实,不是主观臆断。父亲的这个观点一直影响我的人物创作,我也是秉承这样一个理念来创作人物的。以父亲创作的古代仕女画《花木兰》为例,画中的花木兰全副武装,目光炯炯,脸庞聪慧美丽,神情坚毅勇敢。花木兰替父从军震撼人心的英雄女子形象呼之欲出,让人油然而生对花木兰的景仰和爱戴之情。

其次,他与时俱进,不仅善于接纳和吸收,还善于创新。比如,喷笔原是照相修版用的工具,后来被英国的一些水彩画家用来作为绘制大幅水彩画的辅助工具,运用喷笔来调整画面的色调和虚实、远近关系,我父亲就把它吸收过来为己所用。

姜 《花木兰》这幅画的创作背景是怎样的,和《木兰荣归》有关联吗?

杭 我父亲创作了很多新题材的月份牌画,引起了非常大的社会反响,许多月份牌画家纷纷仿效,参与了反映社会现实的新创作。这时,他就将视角转向了用新技法表现传统古代题材的作品。《花木兰》就是在这个时候创作的,他还创作了《秉烛达旦》《晴雯撕扇》《宝钗扑蝶》《三笑姻缘九美图事略》等历史故事。在这些全新的仕女画中,古装美女扮相不落俗套,色彩鲜艳,个性分明,赋予了她们更加完整丰满的内涵。这幅作品和之后抗日战争时期创作的《木兰荣归》并没有关联。

姜 父亲在月份牌艺术上的造诣对您的影响一定很深吧?

---

①苏立文(MichaelSullivan,1916—2013),字迈珂。1916年,迈克尔·苏立文出生于加拿大蒙特利尔,幼年随父母移居英国。英国艺术史家,汉学家,牛津大学荣休院士。苏立文是20世纪第一个系统地向西方世界介绍中国现代美术的西方人,是当代西方中国现代美术史研究的学术泰斗,被称为"20世纪美术领域的马可·波罗"。英国当地时间2013年9月28日,迈克尔·苏立文先生去世,享年97岁。

杭 对。我对西方唯美派比较赞成。我就是画得很细,我追求唯美不丑化,尽量美化。我父亲画月份牌能画到那么深入细致的程度,对我影响很深,做任何事情都要精益求精,这就是我奋斗的目标。

姜 您怎么定位您父亲所取得的成绩?

杭 父亲不仅是画家,开创了上海擦笔水彩月份牌的新高,也是一位设计师,还是一位把设计工业企业化,具有先驱者意义的经营管理家。

姜 父亲的朋友当中哪些后来对您产生过影响和帮助?

杭 我父亲的朋友中李慕白、金雪尘对我影响和帮助最大,我的水彩画之所以有点成就,从他们那里我确实学到很多东西。中国平面设计泰斗陈汉民[2],他的年龄跟我差不多。他受我父亲的影响很深,从小也是看着我父亲的画以后学装潢设计

杭鸣时与陈汉民拉勾戒烟。

---

[2]陈汉民,上海人。国际平面设计大师,工艺美术家,教育家,清华大学美术学院教授,美术家协会平面设计委员会主任。2008年奥运会会徽设计评委会主席,北京2008年第29届奥运会标志评委、奖牌设计评委。被誉为平面设计界的"泰山北斗"。

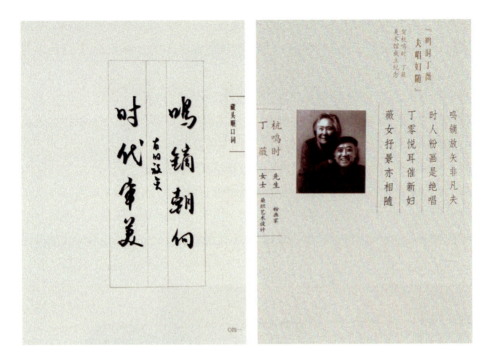

陈汉民著《藏头顺口溜》中对杭鸣时和杭鸣时、丁薇伉俪的评价。

的。我父亲的艺术当时主流社会并不认可,但是他内心很认可。有一次,在一个欢迎陈汉民先生来苏州的活动上,他公然说没有我父亲就没有陈汉民的今天。他说他是先喜欢杭鸣时的画再喜欢杭鸣时这个人的。这些都令我很感动。在我家有张照片拍的就是我们俩拉勾戒烟,他说他四十年抽烟史,却能说戒烟就戒烟,要我也下决心戒烟。当时我表示同意与他拉勾,就拍了这张照片以示纪念,他说以后你想抽烟的时候就看看这张照片。我在他的感染下,真的有一个礼拜不抽烟,不过后来又抽上了。(笑)

姜 他尊敬您父亲,对您也很认可。

杭 对。我们是非常要好的朋友。他在一本书里对我的评价是"鸣镝朝向,时代审美"。为庆祝"杭鸣时粉画艺术馆"成立,他又给我们夫妻题诗:鸣镝放矢非凡夫,时人粉画是绝唱。丁零悦耳催新妇,薇女抒景亦相随。

从稚英画室出发

姜 您从小在稚英画室长大,这里给您留下了什么印象?

杭 我是在上海同德医院出生的,这也是我们海宁人开的一家产科医院。当时,我们全家已经住到了山西北路430号。山西北路非常有名,住了很多各行各业的精英,有国画家吴昌硕,上海滩有名的商人虞洽卿,最著名的医师余云岫,整个这条街的氛围都非常好,后来上海市政府想把它作为文化名街来保护,无奈被拆除破坏得太严重。我从小就在山西北路430号的公馆长大,我父亲在世时并没有挂牌稚英画室,这个名号是我父亲去世后祖父为了传承画室业务,就挂出稚英画室的旗号。稚英画室在公馆的二进中楼房,楼上是工作室,楼下是一间专做木工的工坊,洋房楼下客厅为接待客人的地方。

姜 稚英画室当时是怎么进行管理的?

杭 对于新吸收的学员的培养,画室全部实行供给制,不收学费,免费提供食宿,免费发放所有的学习材料。根据学员的学习进度逐步过渡参与业务实践后,有了收益便可按劳取酬。父亲也很善于管理,他将承接的大小广告业务分门别类交给每位员工,大家各司其职,分工合作,配合十分默契。由他搭建的这个组合,管理的这个画室,是当时中国最大、最成功的画室。在中国现代设计史上,他们是领一代风骚的先驱者。他们的存在和成果证明,世界设计史的中国篇章在20世纪初期绝对不是一片空白页,这也是我最为我们父辈骄傲的事情。

姜 对于这样一个成熟的画室来说,当时是怎样招揽人才的呢?

杭 当时的稚英画室就是一个美术设计公司,各方面人才都有。1925年,父亲吸引金雪尘加盟画室,两人共同绘制月份牌。后来,海宁同乡李慕白来学画后,父亲发现他勤学苦练,又送他到"白鹅画室"跟陈秋草先生习画。李慕白从"白鹅画室"

稚英画室之一角。画室部分成员左起依次为：金雪尘、汤时芳、王维德、孟慕姬、杨万里、李慕白。

学成归来后，父亲开始了和金雪尘、李慕白一起的铁三角组合，三人珠联璧合，相得益彰。我父亲承接广告业务，并进行月份牌画的总体设计。按照总设计思路，李慕白负责人物制作。人物稿完工后，金雪尘进行画面的背景搭配。最后由我父亲修改，润色定稿。前呼后应，相互配合，天衣无缝，如出自一人之手。父亲认为李慕白有出息，他就动员我母亲把她妹妹嫁给李慕白。我姨是上海两江女中体育系练健美的，非常漂亮，她的同学杨秀琼是中国第一届全国运动会上的美人鱼。追求我姨的人很多，李慕白其貌不扬，我姨一开始并不喜欢他。在我父母的撮合下他们在一起了,有了这份姻缘,李慕白就长期留在父亲画室了。

姜 招揽人才之后,怎么培育人才,提高他们的工作积极性,画室的文化是怎样培养的呢?

杭 我父亲除了工作,还是一个很会玩的人,体现在画室上,就是会营造很好的画室文化。小时候我看到柜子里面有表演京剧的道具,布靴子,演老生的大胡子,我还戴着玩耍过。听我姨父说,那时候画室里面很多年轻人,他们工作很努力,也很喜欢玩。我父亲很重视企业文化,很会做年轻人工作,组织他们唱京戏、昆曲,还专程把昆曲表演大家俞振飞请来,大家一起学戏。"生、旦、净、丑"角色一应俱全,母亲是青衣,金雪尘是马派老生,李慕白是昆剧俞派小生。一直到现在,稚英画室里那唱戏又高又细的嗓音,京胡抑扬顿挫富有韵味的高腔,时不时都还会在耳边响起。此外,画室还会定期组织足球赛、乒乓球赛等。

姜 您喜欢京剧吗?

杭 喜欢,就是不太懂。每次他们看大戏吃大餐都带着我去。上海很多有名的馆子我基本上都去吃过,有的地方专门吃猪蹄,有的地方专门吃鱼,有的地方专门吃咖喱,都各有特色。我觉得解放以前每个馆子的味道都不一样,现在每个馆子的菜好像全部统一的口味。我父亲和一些企业家的朋友经常有聚餐,就是每人带一样菜到哪一家去。上海解放以后要稳定社会,镇压反革命与特务活动,认为聚餐里面也有很多反动组织,结果聚餐都不敢了。

姜 您认为父亲稚英画室成功的秘诀是什么?

杭 父亲没有门派之见,注重博采众长。按现代的话来说他有创新理念,又有用人之道,更具品牌意识,这就是他成功的秘诀。当时开办"充仁画室"的张充仁是有名的雕塑家,西画功底扎实,人物画尤为出众。父亲就送我和姐姐一起去那里学习。此外,还送李慕白去"白鹅画室"跟随陈秋草先生学习人物画。

画室里有大量画报杂志,我从小就是看着这些画刊长大的,耳濡目染,对我开拓视野帮助非常大。国内的有《剧情春秋》《新影坛》《青春电影》《联华画报》《明星月报》《电影杂志》《影戏世界》;国外的有《好莱坞明星》《世界电影》《巴黎时装》《法兰西建筑》等。父亲每天带头阅读这些画报杂志,以此带动大家都养成了阅读的好习惯。父亲能做到上海月份牌的半壁江山,与他的不断创新是分不开的。假如他在海宁,就不可能有这么高的眼界,上海新事物层出不穷,他接纳吸收得特别快。

杭鸣时与姨父李慕白合影。

姜 您高中毕业后,在稚英画室工作过吗?

杭 我读高一时,父亲脑溢血突然去世,画室骤然冷清下来,气氛跟过去没法比,幸亏金雪尘和李慕白不离不弃,帮忙把画室维持下来,解决一家人的家用。父亲在如日中天的时候突然离世,家里40多口人失去了顶梁柱,祖父把唯一的希望寄托在我身上,希望我高中毕业后把画室支撑起来。我刚开始眼界也不是太高,在画室待了两年,干些边边角角的工作。看到我父亲画的画那么受欢迎,我很想把父亲的画室继承下来,但后来还是放弃了稚英画室,考取了鲁迅文艺学院。到了鲁艺,我都不敢提我父亲,怕大家有成见。

姜 后来为什么没有继承画室呢?

杭 我当时有私心,不愿意也不甘心在那里守着。我觉得我父亲能支撑40多口人,我16岁小小年纪,是不可能顶下来这个大家庭的。但是我祖父觉得我当仁不让应该支撑起整个家庭。那时候,我刚高中毕业,思想进步的同学都参军到西南服务团、南下服务团去了,还有的出国,或者读大学去了,就我这个年纪在家守着一个画室,我不甘心。当时做商业广告没有出路,购买任何物品都是凭票,完全不需要广告。上海解放军军管会管文化的人对我们的态度就像对国民党的遗老遗少一样。他们有的是延安来的,有的是半路出家,戴个袖标就来管我们,军管会的头头非常"左"倾,很多有资历的延安来的同事都被他给整走了。当时搞整风运动,发动群众向党提意见,可是真的有人提意见却挨批。有一个苏州画家专门画金鱼的,现已近90岁高龄。他提意见说领导收受人家贿赂,结果受到批斗,他吓得浑身直哆嗦。在这样一种情况下,我想我也应该去参加革命,革命不分先后嘛。我第一次偷着去考浙江美院,虽然考上了,但因为祖父极力反对没有去成,浙江美院的校长黎冰鸿说可以给我保留一年学籍。第二年我姐姐考上了浙江美院,她就去读书了。过了两年,我想考中央美院,但是那一年不招生,所以我就考到鲁艺去了。鲁艺是革命的摇篮,我很向往。我考上鲁艺对我祖父刺激太大了,他突然知道了,知道的时候已经管不住我了。因为从小到大我从来没有离开过他。我走了之后祖父神经分裂去世了,我内心非常愧疚。

姜 浙江美院的校长黎冰鸿为什么愿意给您保留一年学籍,是什么打动了他?

杭鸣时与金雪尘合影。

杭 我参加浙江美院的招生考试，其中有一个创作题目是"我的故事"，你觉得自己有什么故事，你就把它画出来。当时为庆祝广州解放，我参加了解放初期在上海的集会游行，扛着国旗走在队伍前列，我喜欢拍照，拍了一些照片。考试创作的时候，我就根据对自己照片的印象，画了一幅游行队伍的作品，有四川北路街道、饭店、国旗、领袖像等。因为创作作品很突出，被录取了，但是因为我祖父让我接班稚英画室，我就走不了了。尽管黎冰鸿答应给我保留一年学籍，但后来还是没有去成。

姜 在稚英画室这段经历对您后来有怎样的影响？

杭 我在画室学习画花边、写美术字、创作广告。第一个月就挣了一百块钱，作为一名高中毕业生，一般不可能赚这么多钱。（笑）除了打零工、装裱画外，我还给客户设计布料广告、化工厂的广告、公共汽车上的小广告牌，跟社会上有些接触，独立工作能力增强。我看不惯社会上一些商人的庸俗作风，我姨父李慕白给一家布料厂做广告画，画面是一个穿旗袍的美女，这个布厂的经理公开开玩笑说，这个小姑娘挺漂亮，晚上跟我睡觉。我觉得这对我是一种侮辱。

姜 您就是不愿意去画商业广告画？

杭 对，我还是比较清高的。新中国成立以后，月份牌就变新年画，新年画就跟广告没关系了，画的是劳动人民的生活，所以李慕白和我都创作了很多新年画。

姜 您去鲁迅文艺学院读书的第二年，祖父就去世了。

杭 我祖父去世跟我有很大关系。我去鲁艺后，他就犯病了，高血压、浮肿、心脏

1949年，为庆祝广州解放，杭鸣时作为学生会筹备主席，组织同学大游行，并临摹著名漫画家米谷的作品作为宣传旗帜。图为游行队伍在上海的四川北路上海戏剧学院地段，杭鸣时走在队伍前列扛着大旗。杭鸣时根据对这些照片的回忆在浙江美院考试时进行现场创作。

不好、神经分裂。我祖父从生病到逝世没有多长时间,那时是我妹妹伺候他,他老是发脾气。但是我刚到鲁美我还得表现好,即使惦记我祖父也没有条件回去。我是1952年去鲁艺的,1953年斯大林去世的时候我祖父去世了,按照我们之间的感情,我是应该回去奔丧的,但是家里没有钱,三天三夜回家路费要几十块钱。所以我对我祖父特别内疚,假如我在他身边,他至少1953年不会走。

姜 您现在后悔吗?

杭 当时大形势所迫,我也是迫于无奈。

姜 您在去鲁艺之前的生活都是在稚英画室度过的,除了李慕白、金雪尘外,您还记得稚英画室的哪些人?

杭 稚英画室里面有一个叫吴信孚的,是我父亲的学生,这个人交友很广,玩心很重,后来跟我父亲学画,我父亲画画很细心,他很粗糙,静不下心来,深入不了,我父亲对他很宽容。他干的一般是"边角料"工作,画花边,写香烟广告。比如"烟丝金黄,烟味芬芳"就出自他的手。他出手很快,做完之后吃完饭就出去玩了。

吴信孚很有才气。那个时候流行用黑扇子,上面能题字。有一次,我让他给我在扇子上写字,他就给我写了一首打油诗。当时通货膨胀严重,买一张电车票要一网兜钞票,大米要一万块钱一斤,我祖父说最便宜的时候一担大米只要六块钱。每天早、中、晚的物价都不一样,东西卖了会赔本,十块钱卖出去,明天十块钱都买不进来,所以买东西都抢购。我还记得吴信孚当时写的这首打油诗的开头:"米价卖一万,生活真艰难。文不能测字,武不能挑担。"后面还有很长,写的都是当时的实际情况。"文革"期间我在东北念书,我弟弟害怕,就把很多东西都烧掉了,包括这把扇子。

吴信孚交友甚广,黑道白道都有朋友。他参加的一贯道,新中国成立初被定性为反革命组织,实际上一贯道好人、坏人都有。1949年新中国成立初期,他就被抓进监狱去了。1952年我到沈阳去念书的时候,他还在监狱里面,再后来就没听到他的消息,我当时以为他在监狱里面逝世了。

后来通过他孙子吴宏才知道他从监狱提前释放后,一个人住在上海青浦,家里人都被迫和他划清界限,他一直活到70岁以后才逝世。

姜 您是怎么和他孙子吴宏联系上的?

杭 前些日子,他的孙子吴宏在我的一些文章里面看到描写他祖父吴信孚的内容。他就辗转找到了我,他从来没有见过自己的祖父,和自己的父亲也很少见。

吴宏的祖父大大咧咧的,在我们画室里面我们都叫他吴大海。吴宏现在是国务院中央机关的一本内刊美术报的主编,这本刊物是专供国务院各部委阅读的。我就对他说,中央干部只知道国画、油画是不够的,你要在你的内刊美术报上宣传宣传粉画。

姜 您又找到了一个宣传粉画的阵地。

杭 生命不息,粉画不止。(笑)

参加文艺土改队

姜 在去鲁迅文艺学院读书的前一年,也就是1951年,您参加了上海文艺工作者土改队,当时是以什么身份去的?

杭 是上海美术工作者协会的会员身份,自己报名申请的。

姜 这段经历对您个人产生了怎样的影响?

杭 1951年11月,为了响应毛主席的号召,上海文艺界深感改造思想的重要性与迫切性,有计划地组织了三支队伍。第一支下放到工厂中去深入生活;第二支"治淮"是去看看祖国怎样在建设,去看看工农联盟有怎样伟大的力量,为他们去服务,鼓舞劳动的热情;第三支即参加"土改"这一实际工作,执行这个伟大的土地改革任务。我们土改工作队是1951年11月30日离沪的,全部土改胜利完成,于1952年3月29日返沪,地点在皖北怀远县沙河沟区的11个乡里。为期4个月的土改工作让我看到了真正的农民群众的生活,在思想改造上还是起到了很大的作用。

姜 那时候参加土改,是不是心情很激动?

杭 当时我痛下决心,要改造自己,我咬破手指,用鲜血画了一团火,签上自己的名字,配上红木镜框,放在写字台上面,时时刻刻鼓励自己要彻底改造世界观。

姜 和您一起参加土改工作队的队友,哪些人让您印象深刻?

杭 我们土改工作队一个名叫王人美①的队友,叫我"大姑娘",因为我害羞,说普通话都要脑子先想好以后再说,否则只会说一口上海话。

---

①王人美,著名电影演员,在电影《渔光曲》里任女主角,外号"野猫"。

还有红旗歌舞团的邬美珍,她当时才16岁,是红旗歌舞团团员,后来是上海少年宫的芭蕾舞教练,芭蕾样板戏里面的芭蕾舞有很多是她教的,她现在定居国外。当时,我这些参加土改期间拍摄的照片底版都放在她那里保存,因为我到东北念书去了,很多人都想要我这个照片翻印,我离开上海就把这些底版交给了她。当时我们彼此有想交男女朋友的意思,后来我跟丁老师交上朋友了嘛。她说要看看我女朋友,我带着丁老师到位于上海延安路的上海少年宫,后来她马上就给我介绍她的男朋友,是新闻电影制片厂的一位编导。(笑)

我们土改工作队还有一个上海交响乐团的指挥家,叫陆鸿恩,他是敲定音鼓的,在交响乐团里面敲定音鼓就是第二指挥。他非常有才,很多30年代的电影都是他配乐的。有一次,安徽下大雪,他堆了一个雪人,完全像雕塑家雕的一样惟妙惟肖。土改结束以后,我去他家里给他画像,他家住的是花园洋房,很有钱。那个时候搞运动多,镇反运动的时候他乱发言,有人去抓他,他居然反抗,喊"蒋介石万岁",结果被定为现行反革命给枪毙了。那时候我们都不敢吱声。

姜 当时还有什么印象深刻的事情?

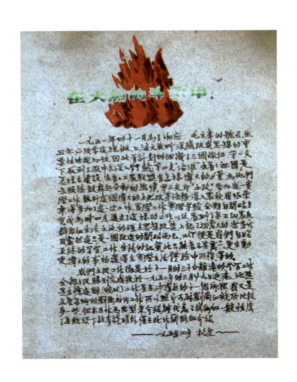

杭鸣时写在这本影集前面的话,介绍了四个月的土改经历。

土改工作时杭鸣时拍摄的工作照片。

杭 土改时要分财产。我一看没收的当地的地主富农的财产根本不够贫下中农分的,我就和一同在土改工作队的另一名队友商量,他是建造钱江大桥的工程师茅以升的孙子,因为我们家里的那些破破烂烂的东西比这还多呢。于是,我们两个人要家里寄了两大包衣服过去,结果挨了批判,两头不讨好。土改总部说,你们这种恩赐观念算怎么回事,共产党才是解放贫下中农的。贫下中农说老杭家是老财嘛,皮袍子、缎子什么的都有。

姜 假如时光流转,您还会这么做吗?

杭 会。

姜 参加土改工作队这段时间里,是否还进行过绘画创作呢?

杭 画毛主席像。书写"拥军优属""光荣人家"的牌匾慰问军属。

潜心鲁艺遍访名师

姜 土改结束后,您从上海考到鲁艺,对学校是什么印象?

杭 那时候我们考进去叫东北鲁迅文艺学院。沈阳刚建校,房子是新建的。我们报到以后还参加建校劳动,打扫房子、打磨水泥地面这些劳动都参加了,后来住到宿舍里去的时候房子都还是潮的。我们那时候的校长是原鞍钢的宣传部长,他从鞍钢弄了一批修高炉的耐火砖来建造这些房子,所以这些房子的砖就特别结实,比一般的砖要好。

姜 听说您是鲁艺跳舞最好的男生。

杭 父亲专门请人在家里教大家跳舞,我父亲带头跳。后来我姨父专门带我到舞厅去请舞女教我跳舞。我那时候是小不点,舞女教我跳舞很专业。去鲁美读书时,每个周末学校都有舞会,但是没有人跟我跳,我就教男同学跳,后来胆子大一点,敢和女同学跳了。我也不是跳得最好的,戏剧部也有从上海去的男生,还有从文工团调干来的,他们都比我专业。我当时在班上算是比较活跃的,我有照相机,还戴手表。

姜 您在学校的活跃除了生活之外,专业课程也是出类拔萃的。您刚去学校的时候画风已经受到了父亲的一些影响,有没有和学院派的风格不统一?

杭 我都不敢提我是月份牌的传人,那时人家对月份牌都嗤之以鼻。我知道老师讲得不透的地方,就有选择性地学习。

姜 学院派是不是很强调美术造型的能力?

杭 美术造型能力是按照学院的学习要求,后来去浙美进修学习表现主义、印象派。但"文革"期间印象派都是反动的,要遭批判的。我有一个同学喜欢印象派,他用绿的颜色打稿,没有效仿苏联用赭色打稿,因此受到批判。

姜 您的绘画造型基础非常好是业内公认的,这个基础是怎么训练出来的?

杭 我在鲁艺学习工作33年,我能坚持到现在和鲁艺也是密不可分的。那时候全班都学苏联的绘画传统——契斯恰可夫体系。这对我们绘画基础是很有帮助的。

姜 您的绘画造型基础是不是源于您对人体结构的理解?

杭 必须的。在鲁艺的时候我们去沈阳中国医大学习了一年多时间的解剖。最可怕的是看死人的脸,新鲜的尸体皮肤都是新鲜的,但有的福尔马林泡久了,皮肤泡得像猪肝一样,还有的皮都撕掉了,只有肌肉或者骨头露在外面。像这种很不完整的形象非常恐怖,有女生当场就吓晕过去了。

姜 那您第一次怕不怕?

杭 怕。刚开始从解剖室出来一定要洗澡,觉得洗干净了才去吃东西。后来习惯了,解剖一结束,手都不洗直接拿起馒头就吃。

姜 系统学习解剖学对您的绘画有哪些帮助?

杭 我现在画的人体都是符合解剖学的。比如画侧面,三分之二还是二分之一,透视的形状、高低都了然于心。模特的肩膀、手、大腿是什么形状,我都比较熟悉。所以我作画的时候,模特动势稍有变化并不影响我的创作。

姜 比如说模特笑的时候鼻翼沟比较深,您是会把她美化一下还是直接反映?

杭 画浅一点,有些就直接不画了,不需要像解剖那样详细。有选择性的,抓住要点。没有学过解剖学的人画躺着的人体不是让人体像要飞起来一样,就是画得很僵硬,像衣服架子一样,人活不起来。

姜 在鲁艺的自我学习和训练期间,有哪些印象深刻的事情?有哪些老师对您帮助最大?

杭 我在鲁艺读一年级时,素描画得很差,我也知道自己画得不如意。有个叫韩温的老师帮助我改过来的,他对我要求很严格。第一张素描老师发现我抠局部,缺乏整体观念,要我扭转过来的时候,我很痛苦,涂涂改改,画得漆黑一片,我以为他会给我打低分,结果他给我打了很高的分,他鼓励我,说我有进步了。就这样,我慢慢知道从整体入手来画素描。

姜 您以优异的成绩毕业后,当时为什么选择留校任教?

杭 我们那个时候急需人才,教师都不够用,所以我们这一届提前毕业了。我是校三好学生,本来准备给我公派到苏联出国留学,我的服装都做好了。后来,学校

杭鸣时非常尊重老师,此图系他为当时教他《美术史》的老师、鲁迅美术学院终身教授李浴创作的粉画。

人事处到上海去做家庭调查,一看我姨父李慕白家里面不是一般的家庭,知名度挺高,还有个小别墅,其实是极差的小别墅,家里还有钢琴、地毯等,学校就觉得不合适派我去,恰好那年苏联不招生。后来,学校又要我去民主德国、捷克学印刷美术,我觉得这个印刷美术就是做制版工人,我是画家叫我去修版干什么,当然不去。所以,我就留在了学校。当时的学院派对我父亲画擦笔水彩年画不重视,让我在鲁艺附中教毕业班的素描、水彩和毕业创作,有的学生比我年纪还大。我觉得这有点屈才,不想待在那里了。正好李慕白在上海要办年画班,想调我回去,我就让朋友帮忙联系好了丁薇在上海的工作,准备一起返沪。但是丁老师思想很进步,她说要听组织的话,组织不同意就不能去上海,所以后来我们都留在了沈阳。既然留下来了,我就拼命工作,备课特别用心,我教的学生作品特别拔尖。校长发现在鲁艺本科教水彩画的老师还没有我画得好,所以我在附中待了一年后就被调到了鲁艺大学部。当时的国画系就叫彩墨系,我在彩墨系里面教基础课。

姜 鲁艺是一所注重革命传统教育的学校,体现在绘画创作上有怎样的影响?

杭 鲁艺的传统是绘画要面向工农兵,要深入生活。从生活中你感觉到哪些东西可以表现,你就画什么东西,而不是在画室里头凭空想象画什么。我们到农村住在老乡那里,像解放军似的,联系群众,做群众的勤务员,帮老乡扫院子、挑水,跟当地老百姓打成一片。1957年,我到杭州金华采风,我一看老乡家里儿媳妇挺好看,我就和她说,我挺想请她做模特画她,可是她已经大肚子了,一般大肚子不想给人画的。当时杭州美院也有一批人,驻在那个写生基地,他们纷纷说我胆子真大,刚去就敢找有身孕的人当模特。第二天,她真的给我来做模特了,美中不足的是她做了一番打扮,其实我是要画她原本真实的美,我就把她好的那部分画下来了。我觉得这是我们鲁艺的传统,到哪里去都能跟当地的群众打成一片。

姜 您是怎样和老乡们融合在一起,打动他们的呢?

杭 他们就觉得我很真实,很自然,不虚伪。我们在浙江写生的时候,住在文化馆,要等他们晚上彩排结束,才能把乒乓球桌子拼在一起睡觉。文化馆彩排的导演有寒腿,我到了沈阳以后,花了半个月的工资买了一双羊毛皮靴寄给他,他当时很感动。我调到苏州以后,又去了他们那里一次,他们知道以后都集中来看我。当时,很多在位的领导正陪我们吃饭,突然外面热闹得不得了,说有人要找我,结果来了一车人,给了我一桌子土特产和礼品。这些领导很惊奇我怎么有这么大的魔力。后来那个彩排的导演家里开了宾馆,我们又聚了一次,我又感动了一把。在他家旁边有个岛,风景特别好,就像他的私人领地,他特意开了个汽艇带我到岛上去,一般人他都不带去。所以我现在很高兴的是,我80多岁了,有那么多人都很关注我,很多学生和我关系都很铁,给我做事情都不计报酬。

姜 您1962年在浙江美院油画系、版画系进修,这段学习经历对您个人的艺术道路有什么样的帮助?

杭 我在浙江美院进修时,有个德国留学生,画的是德国的表现主义,我一看他的线条画得生动极了,很有德国素描的味道,我就跟他学。德国的表现主义不完全像苏联流派,色彩感、体积感、解剖表现都很灵活。

姜 那您觉得这一年的进修跟您之前在鲁艺的学习有什么不同之处?

杭 视野更开阔一些。在鲁艺教我们的都是留日的老师,满洲国的才子,学习比较狭隘,学的都是苏联正统的素描体系。当时我在鲁艺有一点失落感,但鲁艺图书馆馆藏特别丰富,我可以在这些藏书中广泛吸收知识营养。而且鲁艺是毛主席创办的一所学校,是从延安搬到沈阳来的,我们觉得跟延安沾边,挺自豪。

1957年南下采风，水彩作品《上海南京路》，发表在《旅行家》杂志。

姜 除了在鲁艺和浙美的进修之外,您还有哪些学习经历?

杭 1957年开始反右了,中央动员写大字报,我因为在学校忙着完成首届全军美展的创作任务,没有时间自己写大字报,所以我没有言论。很多写大字报的老师,后来都变成右派。首届全军美展创作期间,我们一批搞创作的同学相约去南方进修,他们先行到了南方。创作任务一结束,我就立刻向学校申请南下采风,寻师访友,吸取多元知识。幸好当时跑出来了,不然以我的性格,在学校里面肯定是右派。

姜 那时学校允许吗?

杭 当时学校已经开动员大会了,禁止出差。学校党委书记是绍兴人,和我算是老乡。我就找他做工作,我说我都安排好了,学校不出钱培养,我自己要去南方寻师访友,探索新的素描技术,光是苏联那一套已经不太吃香。我说,我从沈阳到大连的船票都已经预定好,不去就作废了,这样校领导就批准了。我是中国美协的第一批会员,当时的美协主席知道我们年轻人经济困难,还给了我一百块钱作为采风费用。

杭鸣时在兰溪女埠晒谷场写生作品。

姜 1957年您南下采风，寻师访友，有哪些人对您有怎样的帮助？

杭 当时中央美院的院长古元到鲁艺讲学，我做记录。他是画水彩画的大师，我请他给我指教一下我的画存在什么问题，他说艺术不是科学，你画得太科学了，就是太循规蹈矩，可以通过光线、情调强调作者对客观环境的一种感情上的表达，这让我受益匪浅。德国派讲究生动性，画素描几笔就画出来了，浙江美术学院教授舒传熹在德意志民主共和国莱比锡艺术学院学习过，他作画非常细致。我南下采风时去访问了他。比如一个物品由很多面构成，你画得不好立体感、空间感就没有了，而德国派"啪啪"几笔就画出来了，所以有时候作画不一定都要面面俱到。

姜 您之前说张充仁让您对素描创作有误导，但是他的水彩对您有很大裨益，您去鲁艺求学后又去拜访过他吗？

杭 我南下采风到上海时，他还到我家来过，他说自己现在年纪大了不太想画了。他的名气和能力一点也不比吴冠中、刘海粟差，只是因为他从上海公派去七国留学回来后，给蒋介石画过一张油画，因此新中国成立后不受重用。

姜 您觉得李慕白的水彩画和张充仁的画有什么不一样？

杭 一个是稍微传统一点的，一个是西方一点的，风格上不一样。

姜 您也很喜欢蒋兆和①的画？

杭 对。他画的《流民图》描述的是抗战期间民众家破人亡到处逃难的场景，反映了他对战争的愤怒，对和平的呼唤，初中二年级的时候父亲带我去看过这个画展。有一位北京过来的国画老师赵梦朱，他是我们鲁美年纪最大的老师，他跟蒋兆和熟悉。他知道我喜欢蒋兆和的画，特意带我去拜访蒋兆和，为了要蒋兆和当场作画，他现场给蒋兆和当模特让我在旁边观摩。

姜 您看了他作画以后有什么触动？

杭 我之前是学习苏联流派，追求面面俱到。看了蒋兆和作画后我就知道我以前在学校学的那些要有变化。他是把中国传统水墨技巧与西方造型手段结合在一起，在"写实"与"写意"之间架构了全新的笔墨技法，这对我启发很大。还有浙江

---

①蒋兆和，现代卓越的人物画家和美术教育家。他在传统中国画的基础上融合西画之长，创造性地拓展了中国水墨人物画的技巧，其造型之精谨，表现人物内心世界之深刻，在中国人物画史上达到了一个新的高度。

美院(后来改名为中国美术学院华东分院)院长黎冰鸿,他灵活运用西洋画的明暗法和中国画的渲染法,我们在新中国成立初期游行举着的领袖像都是他用炭笔画的。

姜 他的这种中西结合画法是否直接影响了您?

杭 对。我的作品会更多去借鉴国外的一些技法。

姜 那么在寻师访友期间,您这一年还去了哪些地方采风?

杭 我和袁耀锷、许荣初、章德甫、林龙华四人一起,去了绍兴、莫干山、兰溪,这段时间的写生,我有很多作品现在保存在苏州科技学院图书馆九楼我的工作室里长期展出。当时辽宁美术出版社要我画一套抗美援朝时候中国运送军火到朝鲜的题材,我画了一套《钢铁运输线》,在当时反响很大。

姜 《钢铁运输线》的创作背景是怎样的?

杭 那是抗美援朝的时候,我们志愿军跨过鸭绿江要有军火、粮食补给线。尽管遭遇美国的飞机大炮轰炸,但是运输路线仍旧保存得很好,就像钢铁一样。我到东北朝鲜族地区去现场创作,一路上画了十几张小的画,还画了一幅四条屏年画。

艺术杂家

姜 您在鲁艺刚毕业的时候,水彩,年画,版画,什么都画,还画过钢笔插图。

杭 刚毕业时我发表的东西比较多,什么画我都尝试,我给很多电影画过宣传海报。波兰的电影海报给过我很多启发,他们的表现开阔自由,而我们画电影海报就像画政治宣传画一样。毕业第一年我给《沈阳日报》刊登的反间谍连载故事《神鹰你飞起来吧》画钢笔插图,一天画一张,后来这个连载故事还配图出了单行本的合订小说,书名叫《移花接木》。当时我就四十多块钱工资,这套画画下来拿了三百多块钱稿费,我一下子成富翁了。(笑)记得正好我有个同学父亲生病,我就借了一百块钱给他。我怀揣巨款去哈尔滨看丁老师,看到一家商店大橱窗里面展示了一件丝绸衬衫,淡黄色,黑色丝带领结,设计得很别致,很高雅,当时这件衬衫要二十多块钱,等于我半个月的工资,我毫不犹豫买下来送给了丁老师。

姜 那丁老师一定非常开心吧?

杭 那肯定。(笑)结婚的时候,我送给丁老师一条我自己设计的纯金挂件,是一把用她名字的拼音字头 T 和 V 做成的钥匙,寓意用钥匙打开她的心扉。

姜 应该说,幸福的婚姻生活也催生了您很多创作的灵感。除了画钢笔插图外,您还给电影《我们村里的年轻人》《徐秋影案件》《金玉姬》等电影画海报,这些机会您是怎么争取到的,对您后来的艺术创作有怎样的帮助?

杭 1958 年"大跃进"的时候,长春电影制片厂到鲁美来找人画海报,那时候画电影海报要求有故事情节。我根据电影情节创作了《金玉姬》《红领巾的故事》《炉火正红》《火焰驹》等海报出版发行。其中《我们村里的年轻人》画的是一群着颜色鲜艳衣服的年轻人骑在龙上,这张海报后来拿到世界青年联欢节上得了金奖。

姜 这幅画的寓意是什么?为什么要骑在龙上面?

杭 当时大跃进年代就是人有多大胆,地有多大产,什么东西只有你想不到的,没有你做不到的。那时候的创作方式叫革命浪漫主义与革命现实主义相结合。

姜 获奖之后对您有什么影响?

杭 没有什么影响,那时候获奖什么都没有,奖状都没有。我画的画不能签杭鸣时的名,落款是鲁迅美术学院,写了自己的名字就马上要被批判,是个人名利思想加个人主义。

姜 尽管是大跃进,搞运动,但并不影响您画画。

杭 对。我们画先进农村,人民公社好,歌颂社会主义。我带着学生乘火车从沈阳一站一站画壁画,一直画到山海关,内容都是人有多大胆,地有多大产。在那个极左思想指导下的大跃进时候,我们画画不用颜料,到铁矿里面去挖那个烂泥,铁矿里面泥的颜色偏红,加一点胶,笔也不用,就用马尾巴扎起来,沾着土,一路上画几十张。还有用油漆画毛主席像,一共画了两百多张。人民大会堂的辽宁厅还有我们画的一幅表现大连海港的油画(与许荣初[①]合作)。

姜 这一段经历对您后来的绘画有帮助吗?

杭 用处不大,但是画画的速度上还是有所提高。我从来没有中断过,一直有机会画画。我涉及的领域比较广,油画、版画、水彩、粉画、年画都创作。

姜 不同的画种之间都有关联,互相促进。

杭 对。我说我是杂家,一直到后来才集中精力画粉画。

姜 的确。在1959年前后,您创作涉猎非常广泛。除了电影海报外,您当时还给杂志设计封面,那时候是根据什么原则去设计封面的?

杭 根据出版社的要求,再结合自己的兴趣。一直以来,我阅读的书籍、杂志很多。小时候,凡是跟商品有关系的杂志我们家都订了,所以从小我的视野比较宽泛,能够很快找到感觉。

姜 也就是说这得益于您的大量阅读。

杭 是。期间也创作了很多水彩作品。在学校的水彩比赛中获得一等奖的作品《送

[①]许荣初,鲁迅美术学院油画系教授。擅长油画、壁画、美术教育。中国美术家协会壁画艺术委员会副主任。1952年入东北鲁迅文艺学院美术部绘画系学习,1955年毕业留校任教,2007年因病去世。曾任鲁迅美术学院学术委员会主任、辽宁省美术家协会副主席。

工粮》画的是在农村,一辆马车交公粮的时候,经过一个土筑的桥。《两孔桥》画的是沈阳火车站旁边的一座日本人造的桥。

姜 这个时候您还画过石版画《长缨在握》,这幅画的创作背景是什么?

杭 创作《长缨在握》是1959年,那时候鞍钢要大炼钢铁,老百姓就不种地去炼铁了,结果邓小平说我们的钢落后,我们的粮食不够吃,邓小平又让农民回去种地了,为钢而来,为粮而去。《长缨在握》描述的是当时那个状态。

姜 为什么当时想画石版画呢?

杭 当时我在鲁美的版画系教书。因为版画里面有石版画、铜版画和木刻,我这个人好新奇,这几种我都要试试看,所以还创作了木刻作品《万家灯火》,描写鞍钢的铜版画作品《出钢》。

姜 这些版画在1964年也都入选了全国美展,这些对于您后来从事擦笔水彩都有哪些帮助?

杭 画种之间是相互关联的,触类旁通。

姜 对于您来说,1964年是一个丰收年,石版画《长缨在握》、宣传画《继承革命传统,做红色接班人》、水彩画《工业的粮仓》相继入选全国美展,并被中国美术馆收藏。毕业还不到十年就取得了这么多的成绩,在当时同龄人中间是不是比较罕见?

杭 我出名是比较早,因为我大学一毕业,就发表出版作品,不断有作品入选画展,有的被收藏,有的还获奖,名气就一点一点响亮起来了。1957年,我到莫干山采风的水彩写生《竹林》《晨雾》就被《旅行家》杂志出版了。而且,我运气好。好的、坏的作品都出版,我画的一张《旅顺》的水彩画,画得不太好,在全国美展没有被选上,结果西安出版社出版《落选作品集》,把我的两张落选的画作都选上了。

姜 那同样是画家,为什么您有那么多出版的机会,应该不仅仅是运气好吧?

杭 我比较了解群众啊,画群众喜闻乐见、老百姓喜欢的题材。有的人画的东西可能技术上是不错的,但是他画的题材老百姓不会喜欢,那出版社就不会出版。出版社要考虑市场需求,选群众喜欢的画。当然在艺术上也要达到够出版的水平,如果画得很糟糕,也不可能有出版的机会。

姜 您在鲁艺办过画展吗?

杭 我1962年在浙江美术学院进修,回到鲁艺后办了一个画展。这是我在鲁艺办的第一个也是唯一一次画展,展出的是在浙江美术学院进修一年期间的水彩、素描写生的风景、人体,共一百余幅,三个大教室都布满了我的画。许多人都慕名

水彩作品《送公粮》,在鲁迅艺术学院的水彩比赛中获得一等奖。

前来,引起很大轰动。但有些老师认为我的画里面有人体,诱惑性太大,就上告到我们院长那儿,结果让我提前结束收展了。

水彩画《莫干山竹径》,发表在《旅行家》杂志。

从来没有放弃画画

姜 轰轰烈烈的"大跃进"之后就是干部轮流下放,那段生活带给您哪些回忆?

杭 干部轮流下放是当时国家的政策,"地富反坏右"加"臭老九"、大专院校老师都要下放到农村搞斗批改。1959年冬天,我被下放到沈阳新民县大柳屯公社良种繁育场改造。那时候粮食定量,我一天只有三两粮食,一天吃两顿饭,每顿吃一两半,就用榆树叶、苞米秆子和在一起做成一个水分很大的稀软的窝窝头,大家吃的时候都瞪着眼睛不敢吃,都不敢咬第一口,因为一吃进去就没有了,所以吃饭的时候都拖时间,掉下的渣子用手接着,都不敢掉到地上去。

虽然我们是知识分子,但当地干部认为我们肯定是犯错误了,分配劳动的时候,最苦最累、遭罪的活都让我们去干。那个贫农出身的小队长为了表现他阶级斗争觉悟高,他给大家训话时,地、富、反、坏、右跪在雪地上挨批斗,我们就站在旁边陪斗。冬天修水库是最艰难的,全部是冻土,打滑,一不小心一块大石头压在腿上就骨折了。每次石头装车的时候装得挺高的,人坐在上面都不稳当,但是不敢坐也得坐在上面。后来,我的小腿全部浮肿了,和大腿一般粗,一按一个坑,一个礼拜都起不来,在沙土地上遇到小石头我都绕着走,因为抬不起腿来走路,只能移着走。

干部下放原本是一年时间,因为有人受饥而死,我们得以提前返校。我最自卑的感觉是饿得都直不起腰来,肚皮和背都搭在一起,这中间哪怕是一把刀塞进去也舒服一点。有些农民饿得不行就去偷生产队的粮食,偷了以后晚上煮点粥。但是我们只能干饿,有个老乡看我们可怜,把他们收的半麻袋带土的花生瘪子,就是没有长成,收割以后剩下的花生偷偷地送到我们下放的地方。我们半夜就咬啊,饥不择食嘛,一开始觉得涩,慢慢地就觉得特别香,现在我对花生特别有感情。(笑)

姜 生活这么艰辛,那段时间有没有放弃画画?

杭 没有。那个时候公社办食堂在食堂吃饭,在家里吃饭就是"走资派"。农村的公社书记、法院院长都要去检查吃饭的人有多少。他们去检查的时候把我带上,让我去把食堂的情况画下来,厨房怎么样,设备怎么样。我就画厨房内外,食堂内外,还做过公社发展规划的设计平面图。

春节的时候,村干部请我们去写春联,就偷着给我们吃碗稀饭。当时就觉得自己好像堕落到这种程度,和上海的叫花子差不多。这是我一辈子物质生活最艰苦的日子,这种苦吃过了我觉得什么苦都不是苦。在人格上,农民会训斥我们,说我们废物,干活干得不好就说"秧子"。本来我斯斯文文的,知识分子都不讲粗话,不讲粗话农民觉得我们酸臭,后来我学会了"他妈的",说话也比较粗鲁,就算和群众打成一片了。

姜 干部下放结束,终于回学校后,是不是可以正常教学、画画了?

杭 回到学校之后继续搞运动。搞"双反",运动没有间断过。我父亲是画家,应该算是自由职业,但为了要交代自己的家庭,我怕隐瞒成分,就一五一十如实汇报了我父亲的情况。我父亲在世的时候,无论是画家还是印刷界都有许多朋友,他在达华印刷厂有股票。组织上认为我父亲有了股份就是资本家了,所以认定我是资本家后代,原本都差一点可以考虑入党了,资本家的家庭成分就让我的入党梦想戛然而止。也不能受重用,被提拔。那个时候我就是自我勉励,发愤图强,在那个十平方米的小屋子里面,上午开会搞运动,下午在床上趴着画画,因为家里连放一个画架的地方都没有。

姜 这段时间画些什么呢?那时候的作品有没有留下来?

杭 主要是创作水彩画。

姜 您说的父亲在达华印刷厂有股份,是因为月份牌和印刷业联系非常密切,您父亲参与过印刷厂的事务吗?

杭 那时既没有出版社,也没有新华书店发行,就是印刷厂印刷画片,我父亲给达华印刷厂提供画稿,印刷厂的生意非常红火。达华印刷厂为了用我父亲的稿子不付稿费,就给了我父亲公司股份。实际上是企业家动脑筋不花钱,拿着你的稿子去挣钱。新中国成立以后,达华印刷厂合并到安徽合肥新华印刷厂,接受国外的先进印刷技术试点,规模很大。我父亲活着的时候这个股份对他来讲根本没什么用,只是一张证券。

我在鲁艺的时候，家庭出身这一栏，我本来填自由职业，因为父亲是画家。1956年，公司合营，国家赎买达华印刷厂后，不是一次性支付，而是按股份每月支付定息，我家拿定息就等于是资本家了。所以我后来入党受到影响，我的家庭出身从自由职业变成资本家了，我的公派出国留学也被扣下来了。

姜 后来入党了吗？

杭 在鲁美我一直没有入党。1985年，我调来苏州城建环保学院，继续要求入党。1987年党组织批准了我的入党申请。

姜 您父亲在达华印刷厂的那些股份，新中国成立后落实政策了吗？

杭 后来改革开放，国家对私营合并的企业有落实赎买政策，国家给了我们一定的股份股息补偿。达华印刷厂和上海另外几家私营的小印刷厂合并至安徽新华印刷厂，成为安徽当时最大的印刷厂，颇有名气。当时日本、德国的印刷机器最负盛名，新华印刷厂就是自己从德国进口的机器设备，专门举办使用进口印刷机的操作工人培训班，一套版印下来可以同时呈现红、黄、蓝、黑四套颜色，这在当时是非常先进的。

姜 "文革"期间您和夫人的生活受到影响吗？

杭 1966年我还在学校，想当逍遥派不管这些政治斗争，但是那个时候老是叫我开会，让我必须站队。当时沈阳分三大派，一派是毛泽东思想红卫兵，一派是辽革站，还有一派是八三一。后来派系斗争越来越严重，每个人都必须加入。我觉得辽革站不去整老师，我就加入了这一派。但是当时的鲁艺已经被毛泽东思想红卫兵这一派控制了，我被迫离开家里跑到铁西去，辽革站主要的队伍是工人，根据地就在铁西区。记得那天早晨，就像演电影里的地下工作者一样，丁薇给我整理了几件衣物，带上一本小的毛主席语录，一个电动剃须刀。她送我到我们学校的矮围墙旁，我就从那里跳出去，连大门都不敢走。晚上住在沈阳重型机械厂俱乐部里面，睡觉就用大字报的纸做褥子和被子。有一次我画毛主席像章时，把毛主席鼻子画大了一点，特别像刘少奇，对立的一派要抓我现行反革命，因为辽革站是拥军派，沈阳军区的空军部队就把我保护起来了，在空军俱乐部里面让我专门设计毛主席像章，我算因祸得福。

姜 有过被抄家的经历吗？

杭 我被迫离家后，丁老师去上班到晚上才回家，有一天家被抄了我们都不知道。他们撬门进去，把我进修时候画的一百多张素描和临摹的英国水彩画以及一些画册都拿走了,有的画册整本没拿走,把画册里好的画都撕了拿走。抄家以后红卫兵就不想让丁老师回家。丁老师刚一进学校大门,红卫兵就拦住她,要检查她的包。丁老师觉得这是侮辱,一气之下,就真不回去了。其实,他们抄了家以后就是不想让我们回去看到被抄家的情况。第二天,丁老师因为肝脏不好发低烧。于是,就请假回上海了,家里的情况一点不知道。我们的邻居比较好心,看我们被抄家以后,帮忙把门关上,在门口放一个很大的酸菜缸,省得别人再来。当丁老师从上海回来把酸菜缸拿开一进屋,才发现家里乱七八糟,地上全是被撕毁的纸和画册,我到浙江美术学院进修一年多时间里画的一百多张写生画全没有了。

在这次造反派抄家之前,我父亲的那张《霸王别姬》早就被丁薇单位的造反派抄走了。《霸王别姬》在当时属于帝王将相、才子佳人题材,也要被销毁。好在造反派的一个头头是我们鲁美的学生,也是画画的,他没舍得销毁这张画。成立革委会后给丁薇落实政策,他把这张画还给我们了。在这些之后又有很多次抄家,半夜三更听到敲门我们就会心惊肉跳,我父亲一些珍贵的图章、藏品、照相机等都被抄走了,只有这张画侥幸劫后余生。

十年动乱期间,杭鸣时抓住一切机会画画,这是他1972年在辽宁旅顺采风时,以当地海边女渔民为原型创作的水彩作品。

姜 "文革"期间,丁老师被专政,那段日子您是怎么过的?

杭 这一个多月里面我晚上做梦就怕她被"剃鬼头",我去给她送粮票还见不着她。那些红卫兵当时都痴迷了忠于毛主席革命路线,有个鲁美附中的小女孩,把很大的毛主席像章别在脑门上,插进去鲜血直流。我去送粮票,这个女孩都不让我见丁薇。

姜 从1966年到1976年,"文革"这十年间,您创作过哪些作品?

杭 那时候都是画家史,画贫下中农的历史,公社怎么发家,搞很多宣传阶级教育的展览。我是拥军派的,所以有机会把我调去搞展览,这在当时是个美差,不但可以画画,而且不用劳动。这个时期我画了《毛主席革命路线胜利万岁》等宣传画,还有一些水彩写生。

姜 这个十年对您的艺术创作道路有什么影响?

杭 就是为政治服务。

姜 1976年,您为柯棣华纪念馆创作油画《柯棣华奋不顾身救战友》,当时为什么会创作这幅作品?

杭 石家庄有个白求恩医院,第一任院长是白求恩,第二任院长是柯棣华。当时为了筹办柯棣华纪念馆,抽调各个高校的创作尖子,去太行山白求恩住过的地方采访创作。我们学校派去四个人,每个人都创作了作品。我创作了三幅作品:油画《柯棣华抢救伤员》、水彩《柯棣华在老乡家推磨》和一幅版画,这三件作品都是宣传国际主义精神,现在还保留在石家庄柯棣华纪念馆里。

年画—水彩画—粉画三部曲

- 在美术学院,画油画是老大,像月份牌这种东西大家都有保留看法。
- 新年画个性的东西更少一些,更照顾群众,更写实了。当时圈子里面的主流文化认为这是在讨好观众。这么多年过来,我可以理直气壮地说,我就是讨好观众。
- 我临摹了一些英国水彩画以后,隐约觉得可以用水彩画画重大题材,而不是一直局限在人物风景静物上。它表现的深度完全可以达到油画这么细致……活到老,学到老,临摹到老。
- 这位为粉画发展不计名利勤勤恳恳奋斗了20多年的老人告别了人生,我感到一种历史的重任无声地落在了自己肩上。
- 我就觉得自己年纪大了,步子越快越好。所以凡是只要对粉画发展有用的事情我都会努力去做。趁我去见马克思以前,希望自己还能做一点事情。

创新擦笔水彩新年画

姜 您在父亲的擦笔水彩月份牌基础上开始创作擦笔水彩新年画,在这个过程中,谁对您的影响最大?

杭 主要是李慕白和金雪尘。李慕白的功夫完全可以跟安格尔媲美,比如他在香水瓶上面画商标,只是用擦笔水彩稍微画几笔,却细腻到要用放大镜才看得清楚。在这么小的载体上能画出这么精致的作品,这种功夫相当不容易。

我高中毕业后知道发奋了,天天看他们两个人画,如何布景、怎么画天空、花、草、建筑等,我就是这样看会的。实际上我到鲁艺以前没有真正动笔画,都是在旁边仔细看。我到了鲁艺以后开始画擦笔水彩,辽宁出版社约我画的《继承革命传统,做红色接班人》,我就是凭借记忆里在稚英画室看到的方法画的。工作室有专门画画片的、香烟的、药瓶子的,一开始我就是做配角,画这些东西。后来我在他们的指导下,画了两张新年画,大部分是他们帮我修修改改的。这两张画后来出版了,我到安徽去搞土改的时候,还拿这两幅画去送人呢。

姜 这两幅画分别画的是什么?

杭 画了《渔歌》《拥军优属》,当时我的签名是杭度,我祖父给我起的名字。

姜 您后来为什么不用这个名字了?

杭 这个名字用上海话念就是"傻子"的同音,我就不用了。我签名就是一个杭旁边画个圈。新中国成立以后不让签名,签个人的名都是个人主义,我出版的画作都是写鲁迅美术学院集体创作。我现在的签名是 MT 杭。李慕白的签名很漂亮,我按照他的格局拼成我的名字,"时"现在的拼音为"SHI",过去用韦字音标为"TZE"。所以我的签名就成了 M.T.HANG。

姜 您在鲁艺读书期间画过年画吗?

杭鸣时毕业创作新年画《解答》。

杭 水彩年画《送工粮》是我一年级的创作课作品。当时我们学校提倡一些学术活动,每次搞水彩画比赛,我都是得一等奖。我的毕业设计创作新年画《解答》就是用擦笔水彩年画画的,由天津人民美术出版社出版。当时我们都要深入工农兵,我们小组四个人被分到沈阳铁西工厂去体验生活,在那里我看到每天早上有由上海过来援助的技术工人给工厂的工人上课,我觉得这个挺新颖的,就创作了这一幅作品——《解答》。当时组稿的编辑陈望秋和我们家是世交,他的父亲陈秋草先生创办了"白鹅画室",我姨父李慕白还跟陈秋草学过粉画。

姜 《解答》的成功,一方面是对创作题材的把握,另一方面是创作技法的扎实。1964年,您入选全国美展的宣传画《继承革命传统,做红色接班人》,是在什么背景下创作的?

杭 当时出版社的收入是以年画、连环画、宣传画为主,出版大型画册是要亏本的,所以比较重视创作年画。辽宁美术出版社出版年画,慕名向我约稿画一幅《继承革命传统,做红色接班人》的擦笔水彩年画。当时正值3月5号学习雷锋,因为雷锋是辽宁人,我就到辽宁农村去采风。遇见一个小女孩,学习成绩很好,住的土房的一面墙上至少有十几张奖状。她在炕桌上面做功课,上面摆着一本学习雷锋的书。我现场拍了几张照片,回家创作,以"继承革命传统,做红色接班人"的宣传口号作为作品名称。辽宁出版社认为我画得很细致,眼睛炯炯有神,就跟真人一样。这幅宣传画运用的是传统的月份牌年画技法,又有别于传统的宣传画,我把

宣传画《继承革命传统,做红色接班人》。

广州美院潘鹤的雕塑《艰苦岁月》作为背景,这样既有特写,人物突出,又有背景点题。这幅画当时在全国影响比较大,被中国美术馆收藏了。时任中国驻法国大使黄镇还要我复制了一幅,挂在驻法使馆里。

姜 也就是说,《继承革命传统,做红色接班人》让您一鸣惊人,也暴露了您是杭氏月份牌传人的身份。在此之前,您都是秘而不宣,从来不提父亲的。那出版社是怎么知道向您约稿的呢?

杭 新中国成立之初,文化部一号文件号召对群众喜闻乐见的上海月份牌要好好吸收改造,以老百姓喜欢的方式来进行政治宣传。当时,鲁艺创作木刻年画,辽宁出版社很想去上海组织年画稿源,但李慕白根本忙不过来。因为我在农村画的一些宣传雷锋的画,画得很像月份牌,这样就暴露了我家里的情况,结果辽宁出版社向我约稿,后来让我传授月份牌年画创作经验。

姜 您为什么一直不和别人提及您是杭稚英月份牌的传人呢?

杭鸣时受重庆出版社举办年画培训班之邀,期间在四川峨眉山上的寺庙修行,打坐一个星期,其时虽然冰天雪地,他却不觉寒冷,一边光着膀子盘腿而坐念经,一边听着嘉陵江纤夫的拉纤声。

杭 在当时的美术学院,画油画是老大,像月份牌这种东西大家都有保留看法。

姜 在1964年后,您开始积极投身年画创作。从1964年创作《继承革命传统,做红色接班人》,一直到1979年,这期间您培养了哪些年画创作者,你们现在还有联系吗?

杭 辽宁美术出版社每年都搞一次年画创作班,把辽宁省有兴趣的业余画家和创作骨干,大概20多个人集中在一起培训。我连续14年不仅给辽宁,还给全国十来个省的出版社年画创作班学生上课,培养了许多年画创作者,现在有很多人不在世了,活着的也不画年画了,所以很少联系。

姜 1965年,您的年画《草原铁骑》出版发行高达180万份,当时的创作背景是怎样的?

杭 这是出版社给我出的题目。我因为画过军事题材的画,有基础,对训练场有概念,《草原铁骑》应该在草原,我用相关的风景作为背景,等于是自己再创作。这幅画后来的发行量是180万份,在"文革"以前创单幅画之最。"文革"以后李慕白的《忽报人间曾伏虎》发行了2000多万张,全国的纸张调过去还不够用。那时候粉碎"四人帮",人们特别憎恨江青,《忽报人间曾伏虎》画的是杨开慧,所以深得民心,老百姓特别喜欢。

姜 您也创作了很多新年画。

杭 "文革"期间,出版社其他画都不出版,只有年画能够出版。《反弹琵琶》《新麻姑献寿》都是用新的手法来表现传统题材。此外,还有《拾金不昧》《铁道小卫士》《祖国你回来了》等新年画。

姜 《闪闪的红星》是那个时候最具代表性的年画之一,您参与了这幅年画创作过程,有什么细节至今还记得?

杭 《闪闪的红星》是根据李心同名小说改编的一部电影,影片讲述了在20世纪30年代艰难困苦的环境中成长起来的少年英雄潘冬子的故事。当时贲庆余、顾莲塘和我三人合作一起去井冈山革命根据地寻找创作对象,在井冈山呆了三个多月。我画的那个冬子的形象是真的烈士的孩子,但是后来电影比我们早出来,和年画里的冬子形象不一样。我们创作的是四条屏的年画,共16幅。我用擦笔水彩画的比他们纯水彩画的要细腻。

姜 1949年,中央人民政府文化部发布《关于开展年画工作的指示》,对社会主义新中国的年画内容、形式、生产以及销售等方面都作了详尽的指示。特别强调

擦笔水彩年画《草原铁骑》,首版发行量180万份,创"文革"前单幅画发行量之最。

擦笔水彩年画《新麻姑献寿》。

对月份牌年画要注意利用和改造,使之成为新艺术运动普及的工具。新年画相比较于您父亲那个时期的月份牌年画——擦笔水彩年画,在内容创作上有哪些改变呢?

杭 新年画的内容除了传统的好题材外,主要反映现实生活,更强调为政治服务,为工农兵服务。三百六十行,行行都有道德规范。你吃农民伯伯种的米,住工人造的楼,用工人生产的家用电器,每一行的职业道德都是为人民服务。画家也要为人民服务,让大家享受美。如果老百姓喜欢我的画,我就有价值。油画就要画重大革命历史题材,我在这方面功夫没下够,没有什么重大题材。我画的都是一些群众喜闻乐见的、真善美的东西。我认为艺术家不可能求全求美,喜闻乐见就行。现在追求画得越丑越好,这个我不赞同。

姜 您父亲在画擦笔水彩月份牌时,和擦碳粉怎样互相配合?

杭 擦笔水彩画非常难画,我父亲的擦笔水彩先把造型画下来,然后再用碳粉按照明暗关系画出来,把很复杂的过程简单化,分成四个步骤。首先,画出精准的形体结构和准确的明暗色调。接着,用碳粉擦出形体的素描关系。在擦的时候要注意运用手腕的功夫,做到若有若无,若即若离,不要总停留在一个地方擦,要照顾到大的结构关系,上下、左右、前后都要连贯起来,否则就容易擦黑、擦死,造成不均匀的斑块状而影响整体的协调。如果擦得成功,就会产生虚中有实、实中有虚,似乎水彩画中的晕染效果。

擦碳粉要着重于处理明暗交界部分和体面的转折处,不要用力过分而使画面擦得油光发亮,至于色调的深浅,只需达到如同冲洗照片刚开始显影时那种效果即可,不充分之处在找色时再加以丰富。这一个步骤非常关键,它为以后着色打下素描基础,因此结构必须严谨,上色前要反复检查,不可草率从事。最后,修改时,只能用橡皮去"吸",不可用劲去擦,否则会将纸面擦毛了,还会使素描关系难以衔接。

姜 在您父亲的擦笔水彩年画基础上,您进行了哪些改造和提升?

杭 新中国成立以后月份牌变成新年画了,所有题材都是现实生活当中反映工农兵的现实题材,不像我父亲那时候反映的都是才子佳人、帝王将相。我父亲当时的擦笔水彩年画画得很丰满,一张画四边有花边有广告。我在全国各地办擦笔水彩年画培训班传授擦笔水彩新年画时,发现很多地方都继承了我父亲这样的画法。我尽量避免画面太满,处理得更艺术一些。我经过学院派的严格训练,再把

杭鸣时用擦笔水彩创作的《闪闪的红星》中冬子的形象。

家学的擦笔水彩技法和西方绘画技法结合起来,这样就有所提升。

姜 很多人都是看您的《擦笔水彩年画技法》启蒙,和年画结缘的。

杭 1979年,我编著了《擦笔水彩年画技法》这本书,首版印数1.6万册,很多美术工作者、年画爱好者通过阅读这本书来学习如何创作擦笔水彩画。这本书主要介绍了擦笔水彩月份牌年画的创作方法和步骤,包括:素描稿、色彩稿、透图定稿、擦炭精粉、着水彩色、局部虚实关系的处理、头发的处理等。并且介绍了怎样通过洗涤与修补,甚至一些"神妙"的特技来调整作品效果。

姜 这些特技指的是什么?

杭 比如刮刀的运用,用普通刀片或油画调色刀表现某些石块、墙皮、细草或用刀刮出飞白等以利于更好地表现质感;比如喷笔的使用,运用喷笔来调整画面的色调和虚实、远近关系,会产生一种绝妙的效果。喷笔的构造原理与喷漆用的喷枪相同,只是更为精巧。它是利用压缩空气通过一个极细的喇叭口形的导管将色槽中的颜色均匀地喷射出来,导管由一根极细的针状活塞来控制,可以调整粗细、大小。大的可以使喷射出来的颜色成烟雾状,用来喷射大面积的效果,细的可以喷射出像线条一样细的效果,用来调整局部。使用时先将胶皮管连接于喷笔和气源之间(电动气泵和人力气泵均可作为气源),在色窠中放上你所需要的颜色即可使用,但要注意颜色中切忌有颗粒状的沉淀,否则容易将喷头堵死。

姜 继1979年《擦笔水彩年画技法》出版之后,您1980年在鲁美成立了年画工作室,被称为美术院校的一朵奇葩,为什么?

杭 那时候全国美术学院要把各美术学院教师的作品集中起来巡回展览评比,我们校领导就叫我成立年画工作室,版画系里有学生自愿来跟我学年画的就是我工作室的成员,我们工作室创作的年画参加全国展览,大家都被我们作品的技法震惊了,所以称作美术院校的一朵奇葩。

姜 擦笔水彩年画是在什么时候开始没落的?

杭 "文革"期间擦笔水彩的题材受限,要为政治服务,为社会主义服务,为工农兵服务。"文革"结束以后就逐渐没落了,特别是改革开放以后提倡用人体、明星、风景作为挂历取代单张的年画。后来比较时髦的还有用摄影作品、粉画、国画来出挂历,我也出了很多挂历。

姜 画擦笔水彩年画会不会很伤眼睛?

杭 还行,反正比画粉画费劲多了,程序多。画的过程先要起稿,然后拿碳粉擦,擦出来素描造型,再用水彩画去染,有好几层重叠的,就像工笔画一样一层一层的,是比较费劲。

姜 2009年,月份牌年画——擦笔水彩年画技法被批准为第二批上海市级非物质文化遗产。您也在2010年被上海市文化广播影视管理局授予非物质文化遗产项目——擦笔水彩年画技法传承人。但是现在很多人认为这个擦笔水彩年画太麻烦了,不愿意学这个。您对现在月份牌的发展状况担忧吗?

杭 担心也没用,现在月份牌的第二代、第三代传人,大多是李慕白的学生。但是并不太景气,年轻人跟着学的不多。因为花的工夫大,赚的钱不多,坐不住。很多年轻人耐不住性子,内心浮躁,不愿下功夫。为了传承年画,上海美术家协会特意申请设立国家非物质文化遗产项目,在上海新侨大学,设有专门培养画年画的一个班,但是学生不多,我担心后继乏人。

开启水彩画创作新路

姜 除了擦笔水彩年画外,您的水彩画也取得了很高的艺术成就。那么水彩画和擦笔水彩年画会有什么区别?

杭 擦笔水彩年画就是先把素描、人物用擦笔画出来,再用水彩去染,就像工笔画那样,水彩画是直接拿水彩就画了。我的擦笔水彩一般运用于年画。

姜 您创作水彩画比较多的年份是哪一年?

杭 水彩画比较多的就是"文革"前后。1956年创作的水彩画《维吾尔族老人》在全国青年美术展上获了三等奖,这是我第一次水彩作品获奖。

姜 第一次获奖是怎样的心情?

杭 很激动。

姜 继《维吾尔族老人》之后,您在1957年创作的反映空军生活的水彩画《夜航》在中国人民解放军建军30周年全军美展上获三等奖并被军事博物馆收藏,这幅作品是在什么背景下创作的?

杭 1957年,解放军建军30周年,举办首届纪念解放军建军30周年画展。辽宁省美协发动地方美术工作者踊跃参展。平时我们很少有机会到部队去深入生活,沈阳军区给我开了介绍信,我深入空军、海军、陆军、二炮,画了许多素材,然后回来创作。这幅《夜航空军三动势》是我到空军部队画的素材之一。空军的夜航是在一片漆黑、不准有一丝光亮的环境下训练的。我躲在空军指挥车里,用一支钢笔,手电筒照着,以最简单的水彩写生工具,快速记下了三个空军英姿飒爽的剪影轮廓,作为我创作的点睛人物。后来四幅组画中被入选参加首届全军美展的恰恰是反映空军的那一幅,而且被解放军军事博物馆收藏了。

姜 当时的水彩主要画风景、静物、人物吗?

杭 对。1964年河北出版社组织比较有水平的画家出版水彩画临摹本,是活页的,以便让初学者临摹,比较容易上手。《水彩画临本》有三卷,分别为静物、风景、人物。介绍了水彩画如何反映现实生活,并指出初学者学习水彩画的方法和方向。里面有我的三张作品《小女孩》《农村俱乐部的小读者》《东北大娘》。

姜 入选《水彩画临本》对于您来说有什么样的意义?

杭 为这本书作序的是美术史评论家朱丹,对我的水彩画给予了很高评价,也奠定了我在水彩画上的影响力。朱丹写了一篇文章专门分析我的画,他认为我用湿画法画人物,能形神兼备,又一气呵成,画一遍就把什么问题都解决了,这需要很深的功力,很不容易做到。当时从苏联留学回来的画家画水彩都画得非常碎,水的痕迹很多。我是充分发挥水的自然渗透的作用,同时受父亲月份牌擦笔水彩的影响,追求两者之间的平衡。

姜 《农村俱乐部的小读者》的创作背景是怎样的?

杭 创作要靠平常采风的积累。碰到机遇了,如果没有之前的准备就不可能抓住,

解放军建军30周年,杭鸣时深入空军、海军、陆军、二炮采风所创作的素材。

水彩画《农村俱乐部的小读者》。

《农村俱乐部的小读者》就是其中的一张。我在鲁迅美术学院任教时,带学生深入农村体验生活是常有的事。有一次,我在辽宁的一家农村俱乐部采风的时候遇到这个小男孩,当时这个小孩淳朴可爱的形象,尤其是沉思渴望的眼神让我怦然心动,我决计要把他画出来。我现场画了半个小时,小男孩很配合我,一直都没有动。辽宁出版社和我约稿的时候,我就想到了这个素材。前前后后我一共画了三张,都没有把我的感受表达出来,到第四张的时候我去掉细节,集中刻画眼神,落笔肯定,一气呵成,得到了理想效果。

姜 除了《小女孩》《农村俱乐部的小读者》《东北大娘》之外,您的《井冈山象山窟》后来也编入了上海人民美术出版社出版的《水彩画临本》,这幅作品是在哪里创作的?

杭 1976年为创作组画《闪闪的红星》,我去江西革命根据地采访收集素材。这

发表在《造型艺术》上的文章《谈谈水彩画的用笔》，以《井冈山象山窟》为例介绍水彩用笔。

是"文革"以来第一次有机会去实地写生，非常兴奋，一路画了几十幅水彩，这是其中比较满意的一幅。画面中的旧房子据说当年朱德总司令还在那里办过机枪手培训班，所以虽是一幅风景，却更具历史意义。此画我比较注重用笔，用不同笔法表现不同树种，颇得同行好评。1982年辽宁美术出版社的《造型艺术》第5期还邀请我专门就此写了一篇《谈谈水彩画的用笔》，后来这幅作品被编入上海人民美术出版社出版的《水彩画临本》。大家觉得这张画的水彩画语言很到位，很多苏州水彩画家对我说，他们是临摹《井冈山象山窟》起家画水彩的。

姜 1964年，您创作的大型工业风景水彩画《工业的粮仓》在国内画坛影响深远，这幅画宏大的气势、壮阔的生活和精到的刻画令人震撼，在当时确是一个破天荒的创举，至今还在中国美术馆"'百年华彩'——中国水彩研究展"中展出。您能谈谈它的创作吗？

杭 当时，中国水彩画还停留在习作和小品、风景、景物、头像的时期，我临摹了一些英国水彩画以后，隐约觉得可以用水彩画画重大题材，而不是一直局限在人物、风景、静物上，它表现的深度完全可以达到油画这么细致的程度。我在潜移默化

水彩画《井冈山象山窟》。

父亲擦笔水彩的基础上,兼容并蓄西洋水彩画的风格,开启了当时中国水彩画创作的新路。那时候全国美展展出的画种只有国画、油画、版画。水彩画是和漫画、连环画等画种位列在一起称之为其他画种的。《工业的粮仓》入选当年全国综合性美术大展后被中国美术馆收藏,并先后入编《中国美术馆藏画集》第一集和反映五四运动以来历年优秀文艺作品的《中国新文艺大系 · 美术卷》,被同行誉为"百年经典"。之后,我被聘任为第一届中国美协水彩画艺委会委员、第二届中国美协水彩画艺委会副主任。

姜 《工业的粮仓》这幅水彩画是您个人认为最满意的一幅水彩画吗?

杭 可以这么说,算比较隆重、比较下功夫的一张,是一幅工业风景画,创作对象是抚顺西露天矿。因为列宁说过煤炭是工业的粮食,所以取名"工业的粮仓"。那时候的水彩画画的都是一些静物、小品、风景比较多。1964年,我陪浙江美术学院的王德威、舒传喜两位同行去抚顺采风,到了抚顺露天矿,那种宏伟的气势令我震惊。正好我前不久在参观英国来华展出的水彩画展中,见到过许多精彩、刻画深入的大场面水彩画,我还临摹了其中的《海滩上的旧船壳》,我决定就用水彩来表现这个大场景。我就坐在那里,用一天时间画了一张水彩画,把整体色彩记录下

水彩画《工业的粮仓》入选1964全国综合性美术大展后被中国美术馆收藏,被同行誉为"百年经典"。

姜 您当时在创作的过程中是怎样构思取景布局的,碰到什么困难吗?

杭 进入创作阶段遇到的问题是,煤的固有色是黑色,露天矿的煤层是一道道等距离的横线,无论色彩、造型都十分单调。通往底层具有现代气息的通道,是矿井斜坡上的运输线,也是机械化设备最集中的地方,其他都是手工开采煤车。这条通道是最有入画价值的,有石头、有草坪、有人走动,大小比例能感觉出来。但是只有在中午的时候太阳直射,这条通道有一部分才是亮的,所以必须要找中午的阳光。为了让画面更丰富,打破这个看起来挺沉闷的感觉,我借鉴了苏联油画的风格,画成雨过天晴,先运用几大块云彩的投影来打破煤层单调的平行线,再加上天上的彩虹,丰富画面色彩。此外,我又把地面上抚顺工业区、发电厂的高压电线铁塔做了相对集中,使它与整个露天矿有了强烈的粗细、明暗对比。这些都是我在写生的基础上创作安排的,这些主观创作的表现是源于我积累的生活基础,不是凭空想象出来的。

姜 那前前后后一共画了多长时间?

杭 现场写生的时间是一天,画了两三个小时,画了一幅小的。回来后创作了一个月,当时,我们家没这么大的桌子,就把大画板放在床上画的。上午搞"双反"运动,"斗批改"回来后,下午就在家里画。

姜 在您的《工业的粮仓》之后,水彩画精细描摹之风甚盛。您后来的新作《冬季返青》《雪原》的水色淋漓、大笔写意,令人耳目一新,这是怎样的一个转变?

杭 《冬季返青》《国家公园》《雪原》都是大笔触的。根据自己的感觉来画,有很多偶然效果。即使画错了一点也没关系,整个气势能出来就行,这就是中国画讲究气韵生动的道理所在。我画《工业的粮仓》的时候,上午搞运动,下午就趴在床上画,画坏了我就洗,洗了八遍,气韵生动这一点很不容易保持。洗的时候就是用排刷弄点水涂在画上要洗的地方,再用毛笔吸掉,吸掉以后那些痕迹就留了一点点,留了一点点再加上去又有新的效果。中国美协水彩画艺委会主任王铁山说我的技法也是有时代性的,与时俱进,人家都在画工笔的时候,我就用写意。我不会拘泥于某一种风格,喜欢尝试新的技法。

姜 《冬季返青》跟《工业的粮仓》在风格上具体的区别是怎样的?

杭 《工业的粮仓》画中的煤层有竖的、横的,我都是按照结构去画。《冬季返青》

《工业的粮仓》发表在《广州文艺》1977年第5期杂志封底。

我是用大排刷,写意的手法。冬季水多了,森林开始返绿了,大片的树林里面有头小白牛。用大刷子平涂,我觉得太平实,就撒把盐在纸面上。那时也流行平面,大色块。有的现代派的抽象画,基本上有几个大色块就算一张画了,你看什么就是什么,那我也追求平面化。我怕人家说我老保守,说我是九斤老太。(笑)我想摘掉这顶帽子,与时俱进。现在如果我再用写实的手法画《工业的粮仓》,就会考虑现代的因素。

《冬季返青》(美国加利福尼亚)是美国加州一个随处可见的极其普通的山坡。夏天的美国烈日炎炎,将山上植被烤得一片枯黄,而到了冬天雨水充沛,山上植被反而郁郁葱葱,与我国情况恰恰相反。这幅画的构思,主要是想表达苍翠欲滴的山坡,一只白花奶牛只是用来点缀,也使画面静中有动。所用技法,吸收了当时绘画界时髦的"符号化"、"平面化"元素,把变化多端的色彩大胆概括为最鲜亮的绿色,基本用平面化手法处理成大色块,然后在将干未干时,洒上点盐,稍作修饰,增加些肌理效果,也就完成了。画虽简单,却赢得了同行们的赞许。

水彩画《冬季返青》(美国加利福尼亚)。

水彩画《美国国家公园》。

姜 除了《冬季返青》外,入选首届全国水彩艺术展的《美国国家公园》的创作背景是怎样的?

杭 这幅作品是我去美国考察期间创作的。1994年初,那天大雪过后,我和朋友几个想驱车去国家公园画雪景,但公园管理部门为防事故发生,闭门谢客,非常扫兴。为不虚此行,我就在公园外面把隐约可见的远山、房舍和灰色的天空,还有两只正在翱翔的雄鹰,以及近处已扫去积雪的柏油马路和堆起来的积雪,轻轻松松画了张速写就回来了。到了家里凭着这张速写和记忆,又画了张全开大小的水彩画,其中画深黑色柏油马路路面时,碰到那堆未干的积雪,水分渗入柏油马路路面,那种似化非化的偶然效果,成了画面的"神来之笔"。回国后参加并入选了1996年的首届中国水彩艺术展。

姜 您水彩画的第一个阶段是画小品、风景静物,第二个阶段是画《工业的粮仓》这种大题材的,第三个阶段是比较写意的,比如《雪原》和《冬季返青》。为什么会有这种阶段性的变化?

杭 大家都画小品的时候,我开始画《工业的粮仓》这样的重大题材。后来大家都画超现实主义的时候,我又是大笔挥挥,画写意的画。我的画是与时俱进的,跟着时代变化的。

姜 也就是说您不拘泥于现有的成见,会兼容并蓄。而且不论是在国内还是在国外,只要碰到好的作品,您都会去临摹学习。水彩画临摹对您的帮助很大吗?

杭 水彩画的临摹对于提升我水彩画的水平是有帮助的,从中有很大启发。我在家里看到月份牌擦笔水彩的有些处理,再看美国一些大的博物馆里面的水彩画专辑中虚的处理,体会水彩画语言的表达。如果你临摹的作品在作者的基础上有自己的发现,不是完全照抄,那收获就太大了。我临摹过一幅英国的水彩画《海滩边的旧船壳》,自己比较满意。但是这幅画"文革"期间让红卫兵抄家抄走了,非常遗憾! 当时,一批英国水彩画在上海美术馆展览,恰逢我在杭州进修,我提前一个礼拜去临摹,一共花了28个小时临摹这幅《海滩边的旧船壳》,临摹了这幅画的四分之一,把最精彩的部分临摹了下来。在临摹过程中我了解了作者的技法,细小的部分都有笔触,而且是很锋利很潇洒的笔触。英国大使馆的人看了我临摹的作品后,说中国有你这样的画家,我们英国的作品不用来中国展览了。(笑)

姜 这临摹不是说画一次就行了。

杭 那是,我一直锲而不舍。我有选择性的,喜欢的我就盯着,临摹也是我的一门必修课。在鲁艺读书时,图书馆有一张白俄罗斯画家留下的肖像油画,薄得不得了,外行看就像印刷品一样,虽然很薄但是表现很丰富,没有功力是画不出来的,太神奇、太漂亮了。我是活到老,学到老,临摹到老。(笑)

姜 除了通过临摹从大师那里吸收营养外,您也会从自然中去发现和挖掘美。

杭 这是画家应该具备的基本素质。有一次,我到宁波去,有个小县城里面的小街道,有条小车道,曲径通幽,人来人往,我看到那个地方的阴暗面构图挺好,就在现场写生。人家来来往往,我就坐在那里画。有个宁波当地人问我,你画的就是这里吧,我说是啊,他说你画出来挺好看的。我说我其实是写实的,就是根据这里的实景画出来的,他们熟视无睹不觉得美,而且,他们不是美术专业的,所以也很难发现美。像这类写生在自然当中发现美,是艺术家应该具备的能力。比如,我搜集的素材《弄潮儿》,海边一个小孩穿得破破烂烂的,坐在阴面,我坐在太阳底下画画,他坐在那里,穿一件破汗衫,一件小黑裤子,海滩上面都是海边的一种像蛤蟆似的动物在爬行,就是这么普通的画面但是蕴藏着美。

有的人正面好看,有的人侧面好看,你就把他最好看的一面画出来,比如《越南姑娘》我画的是一幅侧面像。当时,我坐在湄公河摆渡的汽车里面,看见她推着一辆自行车,头上戴着一顶斗笠,我立即拍了一张侧面照。下了车我马上又补拍了几张正面照,发现都没有侧面拍的好看,所以我后来画的就是侧面。艺术家要善于发现美。有个苏联的艺术家,坐在家里,看着对面,春、夏、秋、冬,早、午、晚,都画相同的场景,画出来却各有不同的情调,引起读者不同的共鸣。夏天茂盛的树梢,冬天就会变成枯树枝。人无完人,就像巴黎圣母院的敲钟人,他人很丑,但是心灵很美,所有这些,都需要我们练就一双发现美的眼睛。

姜 一个好的画家一定是善于观察的,而这离不开写生。在您写生的过程中,有哪几幅水彩写生作品是令您印象最为深刻的?

杭 《兰溪集市》是我 1962 年去兰溪写生的时候,在旅馆里创作的记忆画。1962年是我们国家三年自然灾害后的困难时期,物资匮乏,但南方比北方好些。那年我从沈阳去浙江兰溪写生,住在小旅馆里,看到楼下的集市,人群熙熙攘攘,小摊上还炸着热气腾腾香喷喷的油条,在东北沈阳几乎闻不到这种味道了。食欲的诱惑,让我难以摆脱对这个集市的记忆。

《新安江畔》是我带学生去安徽写生的作品。我们在新安江畔看到一排年久失修的老房子,刷过油漆的木板已经发黑,一大块刚涂过涂料的白墙特别耀眼,老

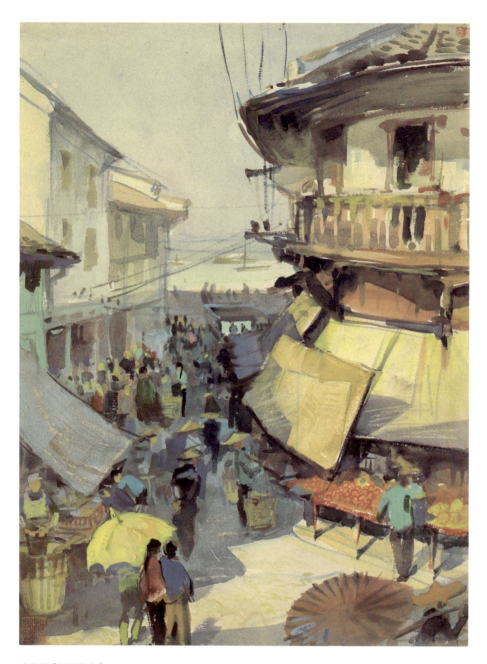

水彩画《兰溪集市》。

人抱着孩子倚门而立,二楼的窗户也有个妇女在瞭望远方,他们似乎都在等着亲人归来,房前浅滩上堆着稻草,几只草鸡在那里静静觅食。这无声的画面洋溢着浓浓的人情味,对离家在外的我触动很大。当时我就画了一幅水彩速写,后来又重新画了一张对开大的水彩画。此画被天津美术学院的王双成教授收录在他的专著《中国水彩画发展简史》中。

姜 您很多作品都是平时采风中积累的,这对于艺术创作很重要吗?

杭 艺术需要随时随地贴近生活,从生活里面去抓取适合艺术表现的镜头。有些东西通过水彩来表现,有些东西用油画来表现,有些东西用粉画来表现。因为我是杂家,我知道哪个画油画好看,哪个画水彩好看,哪个画粉画好看。

姜 您根据什么去判断呢?

杭 这个判断,自然而然就会产生,有些东西是积累后偶然得之,所以绘画一定要学习绘画技法。现在的观念艺术、装置艺术鼓吹不要基本功,越缺乏绘画技巧越能有创造性,这都是瞎扯。绘画的技巧要达到炉火纯青的程度,没有大量实践经验是免谈的。画画如果不需要技法,还要美术学院干什么,美术学院就是教授基本技法的,厚积才能薄发。

我还记得中国作协副主席陆文夫在党校给我们上课的时候,强调写文章一定需要技巧。他说,他被打成右派去工厂改造,拆卸进口的电扇,他觉得电扇内部的构造设计本身就是一种艺术。他通过国内的电扇和进口的电扇对比,发现两者的水平相差太多,可见做任何事情都要有专业依据。我最近在看一本写苏州的书,是一个日本作者高仓正三①撰写的,叫《苏州日记》。这本书准确到什么程度呢,苏州的东山有多高,到小数点后面几位都保留,当时的物价水平是怎样的,买一双棉鞋多少钱,电影院放什么电影,所有这些细节描写都非常到位。画画也是同样的道理,需要运用专业技巧,来刻画细节。

姜 您喜欢国外的哪些水彩名家?

杭 英国水彩画有一个经典的画家波宁登,只活到二十几岁,他画的小品,唰唰几笔,画中人的姿势,阳光底下的构思,都能很巧妙地画出来,就像真的看到一样,而

---

①高仓正三,毕业于日本京都大学,是日本"汉学泰斗"吉川幸次郎的爱徒。1939年秋,高仓正三到苏州研究吴方言,写了《苏州日记》这本书,28岁逝世。

水彩画《新安江畔》。

杭鸣时访谈录

且用的笔法特别写意，很大气，一点没有死抠，这就是大师手笔。我在鲁美图书馆里面看到一本画册《美国的波司登博物馆》，这本书介绍了世界各国的水彩画代表作，我看了这本书之后，觉得水彩画什么都能画出来，受到很多启发。还有一个喜欢旅行写生的画家维果纳尔，他画的水彩画痛快淋漓，很到位，一看就是水彩，水彩的特性在画作里面表现得很充分。

姜 您觉得国内的水彩画和国外的水彩画有差距吗？

杭 有一定差距。比如，国内一些很有名气的水彩画家，很多人基本功不过硬，水分用得很好，但是功力差，有些自己交代不清的问题，就虚过去了。但是英国的水彩画是实打实的画下来。很多画家在国外学习，真正好的东西没有带回来，学到皮毛没有学到精髓。

痴迷粉画

姜 您和粉画的首度"触电"是什么时候？

杭 我姨父李慕白给我母亲30岁时画的那幅粉画肖像画是最早的启蒙之作，通过它我认识了粉画，以至于后来沉醉于粉画。这张画至今已保存了70多年，每当我看到母亲恬静、端庄、栩栩如生的形象，都会想起许多难忘的往事。抗战期间因为父亲不给日本人画像，业务受到影响。李慕白把给我母亲画的这张粉画挂在永安公司文房部做广告，这幅画一直在那里挂了好几年，有很多粉画家是从看到我母亲这张肖像画才知道粉画的。新疆的吴烈勇看了这幅画，他不知道粉画是在特殊的纸上画的，以为在一般的纸上就可以作画，所以他画的跟我们不一样，现在他用粉画纸画反而不习惯。

姜 那挂了几年之后这幅画没有被买走吗？

杭 这张画是为承揽肖像画生意做广告而不是卖的，吸引来很多生意，当时都是收美金的。美国的军舰在黄浦江一个礼拜来一次换防，美国的海军军官、海军陆战队成员都要李慕白帮他们画肖像，那时候没有彩色照片，他们要额外注明头发是金黄色的，眼珠是蓝的，等到下一个航班往返就过来拿。生意好到什么程度，这么大小的头像，李慕白一天画8张，忙到要吃那个疲倦丸（就等于吃兴奋剂）的地步。这样的肖像画创作需要画得非常仔细，一天画一两张就很了不起了，他一天要画8张。

姜 您画画的速度也很快，是不是跟他学的。

杭 是的，我比他更快。但是我画的是速写性的、表面的，几笔就画完了，不像他画得那么深入、好看。我的艺术修养不够。

姜 您太自谦了。这张粉画这么多年了依旧栩栩如生，要特别保护吗？

杭鸣时姨父李慕白给杭鸣时母亲画的粉画肖像。

李慕白送给杭鸣时的"铁锚"牌法国进口粉画笔。

杭 用镜框装裱起来就可以。我母亲的这张画比我姨父给他爱人画的那一张肖像画还要早十年,但是他子女不太懂,没有我保护得好,画面有点损坏了。

姜 您正式开始画粉画是什么时候?

杭 1962年。有一次,我从沈阳回上海探亲,李慕白送我一盒有200多种颜色的法国进口粉笔,并割爱送我两张有羊毛成分的法国粉画纸,价值相当于80年代的一台彩色电视机。从此我开始尝试粉画。

姜 这盒粉笔和粉画纸现在还在吗？当时是不是因此催生了您对粉画的创作欲望？

杭 在。我当宝贝似的，舍不得用，只用了一点点。李慕白画我母亲的肖像用的颜色，现在新出的粉笔都找不出来那么多颜色。他去世以后我姨妈把我姨父用剩的粉笔都给了我。当时我对水彩画已有兴趣，尤其是1964年水彩画《工业的粮仓》入选全国美展并被中国美术馆收藏让我十分振奋，我准备此后专攻水彩画了。但身边既有李慕白送我的这些粉笔，我虽然舍不得用大张的法国粉画纸，就去买些小张墨绿色的金相砂纸，利用零星的时间试试而已。可是没有想到，一接触粉画工具，就被它饱和的色彩，可以表现各种质感的极强的表现力所吸引，几乎是一发不可收。我就在当时9平方米的斗室里默默苦练了几百张小头像。之后，我萌发了要创作大幅粉画作品的欲望。由于把握不大，一直不敢用法国粉画纸，自己用金刚砂自制了对开大的粉画纸，于1978年完成了《为国争光》这幅处女作。接着

粉画《为国争光》。

又创作了表现体操运动员的《上杠之前》以及《鲁迅在版画展》上,结果这两幅作品都被鲁迅美术学院收藏。

姜 《为国争光》的创作背景是什么?

杭 1978 年在西班牙马德里举行的第二十九届世界青年击剑锦标赛上,中国击剑运动员栾菊杰,在手臂被对方刺伤的情况下,坚持拼搏,最后夺冠受到了国人尊敬。当时有许多画家来歌颂这一事迹,我选择了她获胜后的一瞬间,来表现她为国争光的气势。此画当年发表在《美术》杂志第四期封底上,主编何溶特意为此写了一篇评论文章,1996 年入编《中国新文艺大系·美术卷》。

姜 1984 年您的粉画《泳装少女》入选第六届全国美展的获奖作品,开创了粉画入选全国综合性美展之先河。当时的创作背景是怎样的?

杭 这幅画是我在鲁迅美术学院给学生上课时的课堂习作,参加了第六届全国美展并获优秀奖。当时全国综合性美展参展画种目录里没有粉画,此画开创了粉画入选全国美展并获奖之先河。此后,中国美协不仅把粉画列入了全国美展参展画种目录,而且还决定每两年举办一次全国水彩、粉画专题展。这幅作品的模特是某军区一个司令员的女儿,想报考鲁迅美术学院,第一年分数不够,没考上,就在我工作室学习,当时只有 19 岁,第一次穿泳衣做模特。她看了这张画之后呆住了,说:"我就那么美吗?"我说是呀,那么美不画就可惜了。后来就以她为模特画了好几张人体。第二年,她考上了湖北某美院的服装设计专业,后来还小有名气。

姜 继《泳装少女》之后,您的《展》在 1985 年入选全国首届体育美展,被中国奥委会收藏,1986 年《古镇初阳》入选全国第一届水彩、粉画展,被对外展览公司收藏。这些作品创作的背景是什么,每一年都有斩获,当时是什么心情?

杭 《古镇初阳》是在杭州画的,这幅作品参加全国水彩粉画展在杭州展览的时候,也被对外文委收藏。这张画在处理上很有特点,粉画都有粉笔的痕迹,岸边的房子、石板都有笔触,但是水一点都没有笔触,形成了强烈的对比。

姜 1989 年在合肥安徽画廊举办《杭鸣时粉画艺术展》,并举行《杭鸣时粉画人体集》首发式。这个首发式对您有怎样的意义?收录了您多少粉画人体作品?这些作品和您后期的粉画人体有哪些不一样的地方?

杭 当时流行人体写生,这次共展览了 80 多幅粉画人体作品。后来我也画过水彩人体,我在 1990 年创作的《人体写生》水彩是用湿画法,先把画面用水弄湿,趁湿时用笔尖不同部位蘸上所需不同色彩,用笔触将人体几个关键部位,如转过去

粉画《泳装少女》入选第六届全国美展并获奖,开创粉画入选全国综合性美展之先河。

杭鸣时访谈录

粉画《奥林匹雅》(移植莫奈作品局部)。

粉画《岩洞》。

杭鸣时访谈录

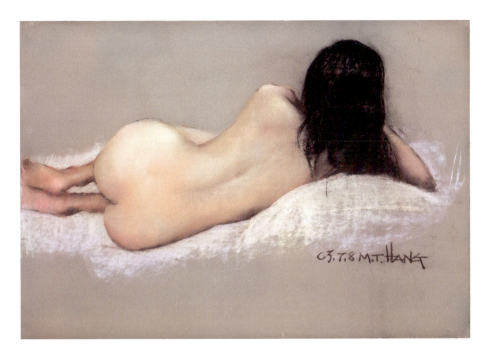

粉画《黄山少女》。

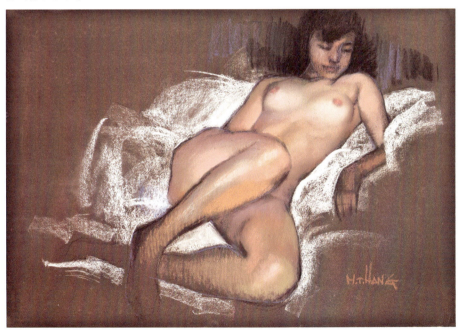

粉画《憨》。

的胸锁头筋、颈窝、前胸等,含蓄地刻画出来。头发也是着重表现头的体积和转动的方向,根据受光、背光明暗关系下笔尽量准确。此画上半部画得比较理想,画下半身时,水分已快干了,流动性不够,因此有点板结。我现在画的粉画人体比以前画的人体更老练一些,写意的多一点,画得比较薄,不会老是涂改。

姜 您的粉画作品《老有所乐》完全没有垂垂老矣的形貌心态,1992年创作的这幅作品当时是不是反映了您的心态。画如其人,您的性格特征是不是在这幅画里有所体现,或者您觉得哪幅作品最能体现您的性格特点?

杭 那个时候,我自己也要退休了,我觉得应该老有所乐。无论是乡下老人摇着蒲扇在那里闲聊,还是都市里一帮老人悠闲地下着棋,这些都是老有所乐的一种表现,我将生活中见到的这些普通场景归纳起来处理成这幅画面。

姜 和《老有所乐》给人悠然淡定的感觉相似,《暖冬》传达的也是一种特别闲适的生活情趣,这些都是您生活在苏州的感觉吧?

杭 我这个南方人,从学习、工作了33年的沈阳,刚调到苏州,特别喜欢到大街小

粉画《暖冬》。

粉画《共饮美酒庆回归》。

巷去乱串,见到临河的水巷,尤为亲切,让我流连忘返。一个冬天的上午,我走在平江路上,路边法国梧桐树干在阳光照耀下,受光、背光部分对比强烈,沿河的民居门前放着水缸、板凳、拖把,窗前还晾晒着五颜六色的衣服。冬日暖洋洋的阳光令我陶醉,水上人家的生活情趣,勾起我心中许多往事,这种激情让我欲罢不能,便创作了这幅作品。当时正遇苏州老城"改造",许多民居要拆迁,有人在用相机抢拍这些老房子,我则用粉笔记录了水上人家美好的生活情调。此画入选清华大学举办的"全国建筑美术十教授"画展。

姜 不论是水彩还是粉画,您的作品都洋溢着浓郁的生活气息,您非常善于在生活中发现美和乐趣。

杭 1997年香港回归祖国,文化部要举办大型庆祝香港回归的画展,我接到约稿通知后想创作一幅切题的作品。有一天,妻子把煮熟的大闸蟹刚刚放到桌子上,那红彤彤的蟹壳加上旁边浓浓的一杯葡萄美酒,霎时引发了我的画意,我对夫人说:"等等,等等,我想把它画下来。"于是拿来画具,用一个多小时就画完了。夫人看了,灵机一动说:"把这幅画起名为《共饮美酒庆回归》去参加庆祝香港回归的画展不是很切题么。"果然,作品不但入选了而且还得了"优秀奖"。

姜 《阳光共享》的创作也是来源于生活的观察和感悟吧。

杭 那是一座正沐浴着阳光,极其普通的老房子,周边环境也比较差,没有树木,没有绿地,河水也已浑浊发黑,可以想象房子的主人大概也是劳苦大众。我凝视了好久,脑海里闪过许多高楼大厦、别墅庭院,这一切对住在这里的人们来说,恐怕是遥不可及的奢望。唯有阳光它是那样无私,那么公平,不管你是高低贵贱,它都会送到你家门前。于是我把这幅画起名为《阳光共享》。创作这幅作品时,正值在苏州举办首届全国粉画展,我把这幅作品送去参展,同时希望粉画这个眼下的小画种的魅力也能让广大观众共享。

姜 您对现代派的看法并不感冒,但您自己作品中对光影色调造型的处理,却是充满现代感的,比如《阳光共享》这幅作品的处理。您是怎么处理这两者之间关系的?

杭 我并非全盘否定。现代派的有些观念主张我是不认同的,但只要是好的处理方法,我都会借鉴。

姜 苏州的老一辈油画家、美术教育家颜文樑先生凭借《厨房》成为中国首位获得国际性绘画大奖(巴黎艺术沙龙1928年)的中国画家。时隔70年后的1998年,您凭借《柯桥夕照》在美国粉画展上斩获金奖,两幅同为反映江南生活的作品是不是有异曲同工之妙呢?

杭 可以说异曲同工,民族的就是世界的。《柯桥夕照》的获奖其实属于无心插柳。当时,美国粉画展的一位评委到上海来办画展,他送给我一张画,我也回赠了他一张。美国每年都会办全美粉画展,他为了不麻烦我再去邮寄作品,征得我同意后就把我送给他的这张画拿去参加展览。结果这种完全中国式的情调征服了现场所有评委,以全票通过获得金奖。在评完奖之后,评委们又三度把这幅画拿出来欣赏,他们真的是爱不释手。现在这张获奖的原画就收藏在那位美国画家那里。

姜 《柯桥夕照》这幅画创作的背景是怎么样的?

杭 特别偶然。这是我根据一张照片画的,是苏州科技学院的同事在绍兴拍的。照片明暗关系挺好,虽然冲印有些偏黑,但很有意境。我对照片做了取舍,有些看不清的地方就没有画。用墨绿色的金相砂纸,突出亮的地方,比较远的山、树都抹

粉画《阳光共享》。

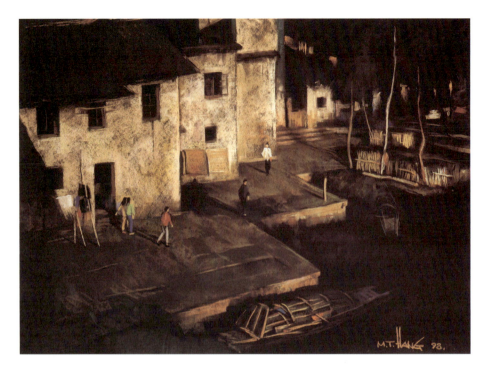

在 1998 年第 26 届美国粉画展上,杭鸣时的《柯桥夕照》荣获金奖,杭鸣时由此破格成为美国及国际粉画协会会员。

黑了。作画过程中我特意不考虑全面因素,因为都画得很清楚,重点就无法突出。这和写文章一样,不能平铺直叙,要重点突出,详略得当。所以,画家就是要能发现别人发现不了的美,会取舍。后来我的同事自己也画了一张水彩,画得很透明,但是没有我的有冲击力。所以,同样的照片,不同的人画,内心想表现的东西不一样,效果也会不一样。

姜 在《柯桥夕照》之后,您又有《山城》《水乡蝉声》等先后在美国粉画展览上获奖,接二连三的捷报频传,对您个人有什么样的意义?

杭 奠定了我在国际粉画展上的影响吧。只要在美国国际粉画展上获奖三次,他们就会颁发"粉画大师"的证书。

姜 和《柯桥夕照》《山城》《水乡蝉声》不太一样,您的粉画《梅里雪山》和《山城》给人的感觉是很豪放、很写意。

杭 《梅里雪山》是根据一张照片创作的。我们去过梅里雪山,但是特别冷,不可

粉画《水乡蝉声》在美国第 29 届粉画展上获德加粉画学会颁发的优秀作品奖。

粉画《梅里雪山》。

能待在那里画。回去后我也不是完全按照照片画,我用纯白色的粉画纸,特别大写意,给人感觉很豪放。《山城》表现的是重庆,这幅画用的是淡黄色质地的纸张,纸本身的底色比较适宜,淡黄色的纸底色正好表现受光的墙面,恰当利用纸的底色也是画好粉画很重要的方法。

姜 您后来不再参加美国的粉画比赛,听说是受《艺术的阴谋》这本书影响,这本书给您什么印象呢?

杭 这本书详细地介绍了当代艺术,当代艺术并不是真的什么人都是艺术家,什么东西都是艺术品。决定谁可以是艺术家、什么东西可以是艺术品,实际上是被一个小圈子的人所控制的。这个小圈子的人就像一个黑手党,全世界就是三十到五十个人。他们是大画商,大收藏家,大博物馆馆长,大文化官员,大艺术批评家……是他们控制了全世界所谓"当代艺术"的游戏规则。什么人可以成为艺术

1999年美国第27届全美粉画展,杭鸣时的粉画《山城》入选,荣获美国专业画家联盟颁发的"优秀画家"奖。

家，什么东西可以成为艺术品，就这么三五十人说了算。

美国在"二战"以后投入了大量的金钱，动用了大量的基金会，在绘画、音乐、小说、电影等各个方面，向以苏联为代表的社会主义阵营发起了全面的进攻。整个的这场文化冷战，把实物装置当作"艺术"，把美国艺术当成是"当代艺术"，并向全世界推广这样形式的"当代艺术"，把美国艺术当成是"国际艺术"，弄出一个"国际主义"，造成"当代艺术日不落"……我看了《艺术的阴谋》之后就对美国的比赛从内心产生排斥，所以后来就比较谨慎，轻易不去参展了。

姜 从国际到国内对您粉画成就的肯定，您觉得您在粉画创作上面还有什么潜力可以挖掘？

杭 我觉得粉画的潜力比较大，粉画的表现力很强，绘画里面的写生、创作、写意、写实、干画、湿画、虚实关系，粉画都能做到。我有很多事情可以做，还有很多潜力没有发挥出来，技法发挥到极致本身也是一种艺术。变化方面，我就想着要爽快一点，写意一点，看了国外的一些东西，有比较喜欢的我就学，有的画得平面化，我就不喜欢。此外，粉画创作的题材还不够广泛，现在重大题材比较缺少，我自己也没有做到，我希望年轻人可以有所创新，能以粉画来表现重大题材。

姜 《渔梁坝》这幅作品给人大气磅礴之感，这幅粉画是在哪里创作的？

杭 2005年，我带学生去安徽歙县写生，在该县城南一公里处的新安江上游，有座始建于唐宋，后在明万历年间又修建，其设计、建设、功能均可与横卧岷江的都江堰比美的渔梁坝，长138米，底宽27米，顶宽4米，全部用坚石垒成，据说每块石头重达吨余，其气势非常壮观。我看着开阔的江面，湍急的水流，坝侧有碎石的河滩，近滩处停泊着还在水中徜徉的小船，旁边还有数只正在休息的鱼鹰，对岸绿树成荫，隐约可见沿江民居，远处还有过坝的船只，在急流中漂荡。江水高低落差发出了轰鸣之声，水流的大气磅礴与宁静的绿荫民居形成了强烈对比，景物的黑、白、灰布局又是那么清晰，这一切激发了我想表现的欲望，《渔梁坝》就是在这种激情下产生的。

姜 您曾经在央视的粉画教学片中评论伦勃朗的《戴钢盔的人》这幅作品，看几次才会发现这个人背后还有人，就是说平面作品也要像导演一样，造幻觉？这样的主张在您的作品中是怎样体现出来的？

杭 伦勃朗善于集中光，一张画里面如果都是暗的，就会有一处特别亮。伦勃朗就像导演一样，引导你第一眼看什么，第二眼看什么。层次很多，深入人心的作品

粉画《渔梁坝》。

杭鸣时访谈录

专访

粉画《甜》。

才耐看。我由于长期从事基础课教学,习作性作品较多,层次丰富的创作亦有,但比较少。

姜 我看到您编辑的《色粉画》这本书的前面有一张取名《甜》的粉画,为什么把这幅画放在最前面,有什么特别含义吗?

杭 画中这位老人跟我是好哥们,在社会大变动时期我们是很要好的朋友。新中国成立前我们是同学,新中国成立后他去当兵,我去上学,我跟他交往最密切。我生下大播时,他住在上海五角场一个茅草屋里面,我都抱着大播到他家去玩。他叫王屏东,画面上的小女孩是她孙女,现居住在美国。

姜 您为什么把这幅画放在《色粉画》这本书的最前面?

杭 为了纪念他。出这本书的过程中他去世了,这幅画是后来追加特意编进去的。

姜 您在画这幅画的时候内心是带着很深的感情的吧?

杭 我画他的时候他还在,确实是带着感情来画的。你看两个人的表情、眼神,特别甜。我画的人基本上都是有交往的,比较了解对方,这和画一般的职业模特表现的深度当然不一样。

姜 您给著名电影演员陈云裳画过粉画肖像画,怎么会想到画她呢?

杭 陈云裳以饰演《花木兰》而红极一时,是20世纪30年代上海电影界的皇后。我父亲杭稚英所画的月份牌年画中,有些美女的形象就参照于她。2012年我的朋友,《美术博览》执行主编包于飞女士去香港采访90多岁高龄的陈云裳时,谈到杭稚英的长子也擅长画美女,他有意想给你画幅肖像。陈云裳听了非常高兴,选了几张她当影后时的照片,还签上名请包于飞带给我,我就挑了一张最能代表她气质的照片画了这幅肖像。

姜 除了身边的朋友、明星、模特外,您还根据照片来进行创作,比如《胜利女神复活》。

杭 那是在2012年,有一天我看到《美术报》上发表了一幅《罗浮尔宫》中胜利女神雕塑的彩色照片,虽只有扑克牌大小,但光影色彩都很有表现力。我突发奇想,将这座大理石像画成真的人体质感会是什么样的呢? 于是心血来潮,那天起

粉画《影后陈云裳》。

粉画《胜利女神复活》。

了个大早，从早上四点半开始，用全开粉画纸，参考着这张照片，凭借我在美术学院长年画人体写生积累的经验，除吃饭、午睡外，一直画到晚上十一时才完成这幅奇想驱动下的作品。我为了画得更理想、更完美，连画了四幅，这是其中第三幅。后来，这幅作品参加了文化部在济南举办的第十届中国艺术节全国优秀美术作品展览。

姜 您的粉画人体受谁的影响最大？

杭 这个很难说，但是有人说我的画像安格尔，我自己主观没有去追求像谁，只不过我们美术学院图书馆有各种各样的画，我会孜孜不倦地吸收，然后就形成了自己的风格。

姜 有评论说您的人体画是能感受到人体温度的人体画，这是怎么做到的呢？

杭 我就画得比较真实，我画得尽量有质地感。好多观众看了我的画都说好像杭老师的画按上去肉会有弹性的，还有体温呢。

姜 您在画人体时怎么处理揉擦的笔触？

杭 画画的人喜欢看有肌理效果的人体。但是一般的老百姓看画喜欢温柔的、质感比较强的。原来我们科技学院的一位副院长看了我一幅有笔触的人体画，他问我：你画出来的人怎么身上都长毛呢？这说明有笔触的人体画，不符合中国人的欣赏习惯。欧洲唯美派的就是没有太多笔触，基本上都揉得挺光。

姜 粉画中的笔触法和揉擦法有什么区别？

杭 揉擦法一般外行人看喜欢，真实感会强一点。为了尽量符合老百姓的品位，很多时候我会用揉擦法。西方的那些粉画家大多是用笔触的，但是我会根据表现需要运用揉擦法。有朋友还说揉擦法是我在粉画技法上的一种创造呢。

姜 粉画跟别的画种有没有什么特别不一样的地方呢？

杭 其实，粉画画起来比较容易上手，就是没有人号召。它基本上跟油画的绘画语言是一致的。粗细皆宜，具象抽象均可随心所欲，自由发挥，只要具有造型的基本功力和色彩的基本知识，就能画好粉画。

姜 从自己热衷画粉画到投身于粉画事业，这个转变又是怎样开始的？

杭 这首先要说到粉画在中国的发展。1919年，李超士将粉画自法国传入中国，很快风靡上海滩，在当时的西画摇篮上海，出现了许多优秀粉画作品。李超士还在上海美术专科学校开设粉画课，积极传授和推广粉画，带动一大批青年走进粉画艺术的世界。徐悲鸿、潘玉良、陈秋草等均有粉画精品问世，我国粉画进入第一个繁荣期。颜文樑初学粉画创作的《厨房》送法国1928年粉画沙龙,获荣誉奖,这标志着当年上海粉画艺术达到了很高的水平。然而,抗日战争爆发后,刚刚走向繁荣的粉画跌入了谷底,一度沉寂了42年。一直到20世纪70年代末,粉画才悄悄开始重获新生。许多老一辈画家开始为振兴粉画出谋划策,奔走呼告。1979年,我参加了由颜文樑先生发起的包括刘汝醴、丁正献等11位画家在南京举办的粉画联展,此后粉画联展在广州展出,1980年4月,粉画联展移师北京,由中国美协主办,在中国美术馆展出。粉画后来的振兴和这次粉画联展密不可分。

姜 粉画为什么会一度沉寂长达42年,其中最主要的原因是什么?

杭 这42年国内没有粉画材料。"文化大革命"期间,我们提出一切要自力更生,外国的东西都封锁,不允许进口。所以粉画家都没有材料画粉画,既没有粉画笔,也没有粉画纸。浙江美术学院教授丁正献老先生为了画粉画,苦到什么程度?没有粉笔,他就拿裁缝画线的粉块来画。粉画之所以后来能发展起来,1979年的那次粉画联展是一个很好的契机。全国美协主席江丰通过那次联展知道粉画材料奇缺之后,就指定上海马利颜料厂,试验生产粉画笔,上海的连逸卿先生还到厂里去指导生产粉画笔。同时让温州的一家皮纸厂生产粉画纸,湖南有个私人厂家也生产粉画纸。这样就有了画粉画的工具材料,再通过粉画家的努力,搞展览,扩大影响,一步一步粉画就发展起来了。

姜 您和浙江美术学院教授丁正献老师之间的交往,正是渊源于粉画吧?

杭 丁正献本来是著名的版画家。70年代末,丁正献先生为使粉画在我国得以发展,在大连举办粉画展时,从我的学生那里得知我在画粉画,就与我联系,动员我为中国粉画事业起承上启下的作用。

自1982年起,丁正献先生为了传播粉画,把所有征集的几十幅画稿装在箱子里,辗转各地办画展,和夫人一起一共办了70多次全国粉画巡回展。他一一亲自装框,组织座谈,每次都做详细记录。画展结束后自己刻蜡版,印刷简报寄给那些粉画作者。在他年高八旬,身患重病,手术后身上挂着一个小瓶时,还到处去巡回展出,记得有一次还去了偏僻的一个海岛上,给坚守海岛的战士们搞展览。那时候大学老师工资并不高,他要自己掏钱刻蜡版,花邮资往全国各地邮寄。他这种为粉画发展在所不惜的精神让我很感动。1989年,第七届全国综合性美术展在深圳开幕,我们俩同时被全国美协聘为水彩画、粉画类作品的评委。在深圳评画时,他紧紧握住我的手,说:"粉画要在中国发扬光大,要靠你我共同努力啊!"精诚所至,金石为开。这以后，我基本上放下了此前的水彩画创作，一方面用自己的作品来证明粉画这个小画种所具有的无穷潜在魅力；另一方面，我积极配合丁老先生，利用一切机会去宣传和创作粉画，发动和组织更多的同行来参与粉画创作。

2000年3月，丁正献老先生因病情恶化，在切开气管维持生命之际，得知我的首期粉画高级研修班5月份开课，他激动不已，在不能说话的情况下，用颤抖的手，歪歪扭扭地给我写了一封短信，表达了对粉画事业后继有人的欣慰之情。10月，这位为粉画发展不计名利，勤勤恳恳奋斗了20多年的老人告别了人生，我感到一种历史的重任无声地落在了自己肩上。

姜 这封短信写的是什么内容呢？

杭 信不长。大意就是很欣慰我创办了粉画高级研修班，希望我再接再厉。我特意把这封信装裱起来，放在镜框里，在研修班教室里给学员看，激励他们好好学习粉画。可惜后来场地变更，这封信再也找不到了。

姜 您觉得发展粉画自己责无旁贷，具体您是怎么来做的呢？

杭 既然我答应了丁老师要接好这个接力棒，我就要担当起来。像丁老师这样深入工农兵太分散，影响和效果都有限。所以我全力说服全国美协来主办粉画展。要办全国粉画展，就需要有作品，需要后继有人。于是我想通过培训班的形式，以苏州为根据地，向全国辐射，先培养一批粉画作者。从零开始培养很困难，所以我动员我的朋友，把画国画的、年画的、油画的、搞卡通的、画电影海报的方方面面的朋友动员起来，让他们也来画粉画。因为我本来也是画水彩的，一画粉画就兴趣上来了放不下，我想他们也能达到这个境界。第二届全国美协水彩画艺术委员会为了提倡粉画让我当副主任来抓粉画，我在参加全国美展的时候，能碰到许多画别和画种的画家，有些都已经很有名气，我都会动员他们也来画粉画。

要动员别人画粉画，首先，我自己要拿出作品来说话，让人家看了喜欢。其次，要培养接班人，无论他们以前是画什么画种，我相信都可以把他们"勾引"过来。（笑）他们让我不要说"勾引"，要说引导。原本有绘画基础的再创作粉画非常容易上路，所以我要勾引这样一批人。比如我的学生姚殿科，在原本画油画的基础上创作粉画，很快就脱颖而出。

我很有信心利用粉画艺术的魅力来感动一些人，通过画来打开局面。粉画本身能够做到雅俗共赏，懂行的人喜欢，不懂行的人也喜欢，我更重视不懂行的人也喜欢，这样有群众基础，不是为少数人服务。有很多人反映说，看我画画的过程是一种享受,大家觉得很神奇,这就是粉画特有的艺术效果。我就觉得自己年纪大了,步子越快越好。所以凡是对粉画发展有用的事情我都会努力去做。趁我去见马克思以前,希望自己还能做一点事情,希望苏州市政府还能用我这个人来做些事情。

姜 2003年,中国美术家协会在苏州举办了"中国首届粉画展"。至此,粉画创作揭开了全新的篇章,小画种终于有了自己的大舞台。您是什么时候有这个想法的?

杭 我一直有这个想法,但是到底怎么实现我之前一直不知道。丁老深入工农兵搞了70多次巡展,他一直想筹备一个全国的粉画展。因为只有中国美协出面举办全国性质的大规模的粉画展才更有号召力。他去世以后我觉得这是我的责任,我要完成他未了的心愿。

姜 如果让您创作一幅画,您肯定得心应手,那是您的专业,但要筹办全国性的粉画展,势必要和方方面面沟通,这方面存在什么困难吗?

杭 那我就比较外行了,我说话冲,没有逻辑性,全靠那些帮助我的领导啊、朋友啊、学生啊,他们都挺喜欢我。当时有很多人帮忙,我也是为了宣传粉画,有些企业家,他们对国画、书法多多少少都懂,但是对粉画到底怎么回事,都没有见过甚至没有听说过。为了让他们认识粉画、喜欢粉画,我送掉了我喜欢的50多张粉画。

因为苏州市政府的领导非常重视,才得以使首届粉画展成功举办,办一个全国性的画展非常艰辛。这是中国粉画的第一次全国性大型正规展览,展出的150余件作品是从全国各地送来的1300余件作品中遴选出来的,而且还展出了国际粉画家和中国已故粉画家的作品,作品之多、质量之高都是出人意料的。展览结束后,我把首届全国粉画展的画册寄给朋友们了,他们在回信中都给了很高评价,例如鲁迅美术学院教授许荣初,中国美协首届水彩艺委会主任梁栋,他们的来信给了我很大的鼓励。

姜 在苏州举办首届中国粉画展,使得苏州和粉画结下了不解情缘。您从沈阳来到苏州人生地不熟,苏州又是一座非常有文化底蕴的城市,您是怎样让苏州人民接受您的粉画的?

杭 苏州是一座非常有文化内涵、非常开放包容的城市,体现在它的政府官员上,对于我这样一个一穷二白的画家,他们愿意帮助我来实现粉画在苏州的发展,我要感谢的政府领导太多了。特别要提到当时的苏州市人大副主任陈浩和曾任苏州市人民政府副秘书长的张旺健,是他们在1999年,帮我在苏州职业教育中心王大鑫校长的支持下建立了一个工作室,让我举办了两期粉画高级研修班。随即,我的粉画研修班在全国的影响逐渐大起来,第三届研修班是在苏大艺术学院办的。之后我就在全国各地跑,我的原则就是够10个人以上,值得跑一趟,我就去到那里举办讲座,示范粉画技法。因为要传播粉画,首先要教大家认识粉画,创作粉画。

2000年,为了进一步推动粉画在苏州的发展,让大家了解粉画,我第一次到了政府机关大院里的人大办公楼,举办了一个小型粉画展览。这样从政府官员中普及开始,逐渐扩大粉画在苏州的影响。直至2003年能在苏州举办全国首届粉画展,这与陈浩和张旺健两位的帮助密不可分。如果没有他们找到吴中集团提供办展资金,恐怕首届粉画展也难以落实。

姜 从苏州开始辐射全国,您从2000年开始在全国各地教授粉画,您教授的粉画骨干有哪些?他们现在对传播粉画发挥了怎样的作用?

杭 现在全国各地都有很多我教过的粉画骨干,尤其在高等美术学院任教的,他们发挥的作用很大,有的开设了粉画选修课,有的开设了粉画必修课,使粉画后继有人。毓鑫是我学生的学生,他现在画得比我还深入。

姜 您认为他青出于蓝而胜于蓝是表现在哪里?

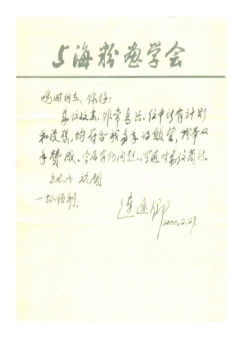

为了办好首届粉画高研班,杭鸣时向粉画同仁写去40多封信件,征询办班建议,受到大家的一致好评,纷纷回信表示祝贺。以上依次为浙江美术学院教授丁正献,上海粉画协会领头人连逸卿,中国美协水彩画艺委员主任黄铁山,中国水彩业委会委员、《中国水彩》杂志执行主编蒋振立当时写给杭鸣时的信件。

杭 他的粉画很薄、很细、很准。

姜 就像您刚刚说的,要在苏州举办一个全国性的粉画展是非同寻常的。2003年首届中国粉画展得以成功举办,这中间发生了哪些不为人知的故事?

杭 那时候苏州要建立文化强市,我一听苏州有这个雄心,我就考虑要把粉画这块牌子打出去。和原苏州市人大副主任陈浩谈了这个想法以后,他非常支持。之后,苏州开市文联换届会议,市长在里面开会,我就在外面等,等到他要上车的时候,我就拦车"告状",说了我的这个想法,他就找秘书记下我的电话号码。打了这样一个基础之后,经市人大副主任陈浩引见,得以有机会和市领导商议此事,最终顺利拍板。

因为在地一级城市办全国画展,没有先例。通过什么办法让中国美协同意申请呢?当时我是中国美协水彩艺委会副主任,我就找到全国美协秘书长王春立,他说杭鸣时是粉画的一面旗帜,有这个带头人,扛旗的人,而且地方政府又非常重视,中国美协应该支持。王春立建议我直接写封信给美协。我在信中提出了要办全国首届粉画展的建议,得到了全国美协的认同。

杭鸣时与来自全国各地粉画高研班的学员在一起合影留念。

第一届中国粉画展正好遇上"非典",展览到三分之二的时间,公共的活动都不许搞了,但这丝毫不影响这届粉画展的成功。同时我还从全国美术家协会争取到了"中国美协水彩艺术委员会苏州粉画创作研究中心"这块牌子,并把它挂在了苏州大学艺术学院,现在这块牌子还在苏大。这个也是不容易争取的。

姜 时隔八年之后的2011年,您再次促成中国美协和苏州市政府举办"第二届全国粉画展",为了促成"第二届全国粉画展"在苏州举行,您又做了哪些努力?

杭 2003年到2011年之间,为了推动粉画,我不断在全国办粉画研修班。为了让"第二届全国粉画展"顺利举行,我们还做了一些铺垫。2010年,原苏州市人民政府秘书长陶孙贤建议我在全国人大、政协两会期间到北京办粉画展,可以在市

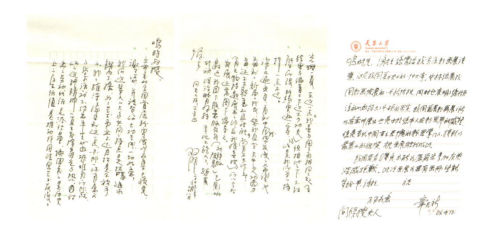

第一届中国粉画展展出后在业内反响强烈,同仁们纷纷来信祝贺,对画展作品的质量给予很高评价。以上依次为中国美术家协会壁画艺会员主任、鲁迅美术学院教授许荣初,中国美协水彩艺委会第一届主任梁栋,天津艺术学院教授王双澄,天津大学建筑系教授章又新写给杭鸣时的来信。

领导和两会代表中扩大影响。他帮我安排在北京的苏州商会会长单位——爱慕集团的美术馆办展,共展出36幅作品。展览非常成功,中国文联副主席、党组书记冯远都来参加了这个开幕式。参加"两会"的领导和代表们还有很多名人,包括我的学生们,看了这个画展以后都非常感慨。在座谈会上,一位中国美术馆主管收藏的副馆长说,这样水平的画展应该拿到国家美术馆去展出。这个画展给苏州市领导留下了很深的印象,回来以后他们要求成立杭鸣时粉画艺术馆。这期间,我和苏州市美协一起报请市政府和全国美协举办第二届全国粉画展,得到了市领导的首肯。

姜 举办"全国第二届粉画展"的同日还举办"杭鸣时粉画艺术馆(苏州粉画艺术院)"揭牌及捐赠仪式。这是苏州继颜文樑纪念馆、吴作人艺术馆之后第三个以个人名字命名的公共艺术馆,这对于您来说有怎样特殊的意义?

杭 粉画艺术馆的意义并不在于是以自己的名字命名,而是粉画有了"革命根据地",不再是散兵游勇孤军作战。苏州将作为全国粉画孵化器,粉画星星之火可以燎原。在这里,每月都举办一次粉画大师面对面交流活动,持续一年多时间,人越来越多了,一开始二三十人,有时候会有一百多个人,每次我都亲自现场示范静物或人物写生,并与美术爱好者进行面对面交流。2012年,央视书画频道找到我拍

2010《粉画巨子杭鸣时教授艺术展》在北京爱慕美术馆举行,中国文联、中国美协领导,全国人大政协人士、苏州市委市政府领导、中国著名文学艺术家、理论家和实业家出席开幕式,中央电视台主持人朱迅主持。

摄了24集粉画教学片,把我几十年潜心揣摩的粉画技法记录下来,传播出去,有益后学。此外,还有各种不定期举办的国内外粉画邀请展,2013年举办了首届苏州粉画邀请展。2014首届中国大学生粉画作品展在"苏州杭鸣时粉画艺术馆"开展,全国各地64所高校共有349人有效投稿443件,覆盖全国25个省、市、自治区。参赛作品涉及题材广泛,表现形式多样,兼具艺术性和观赏性,已具相当水平。大学生群体的踊跃参与和高品质的粉画作品,充分证明了粉画发展后继有人。此外,2014年10月举办了国际粉画双年展,11月份举办了苏州市首届粉画展。所以说粉画艺术馆的成立是交流、促进、繁荣粉画的一个大舞台。这次举办国际粉画双年展时,北美粉画协会会长张哲雄羡慕地说,"杭鸣时粉画艺术馆"不仅在中国首屈一指,在全世界也是独一无二的。

姜 除了做"粉画沙龙面对面"外,您还去哪些地方讲过课?

杭 杭州师范学院、上海大学数码学院、辽宁师范大学、云南曲靖师范学院、深圳职业技术学院艺术设计学院,香港、安徽、海宁等地的美术家团体等都请我去做过讲座。我也去苏州东山幼儿园,教幼儿园的老师画粉画。还去苏州市第六中学、苏州立达中学、西安交大、苏州附属中学给学生做讲座,画示范作品。

姜　现在中国哪些大学已经开设了这个粉画课了?

杭　现在有西安美术学院、苏州大学艺术学院、沈阳航空航天大学美术学院、安徽师大美术学院等很多学校都开设了粉画课,有的是选修课,有的是必修课。

姜　那为什么前面提到的一些大学不开粉画课呢?

杭　主要是普及传播还不很广,而且也没有师资。最好美术专业学校多开一些选修课。

姜　您目前正在筹备全国粉画协会,进展如何?

杭　这也是前辈丁正献老师的遗愿。我们现在前期的文件、材料都准备好了,组织机构人员初步也有考虑,但还需进一步完善。大家听说要成立全国粉画协会都很支持。

姜　您什么时候有这个念头要成立这个粉画协会的?

中央电视台《书画频道》拍摄 24 集《杭鸣时粉画教学片》,杭鸣时现场示范创作粉画《小桥流水》。

杭鸣时和中学生在一起。

杭鸣时粉画艺术教学基地揭牌(苏州市第六中学)。

2011年12月16日,杭鸣时把自己的68件代表性粉画作品捐赠给苏州市政府,苏州市副市长王鸿声授予杭鸣时捐赠作品证书。

粉画《曹衣出水》。

杭鸣时访谈录

粉画《法国时装》。

粉画《相思》(移植古典油画)。

杭鸣时访谈录

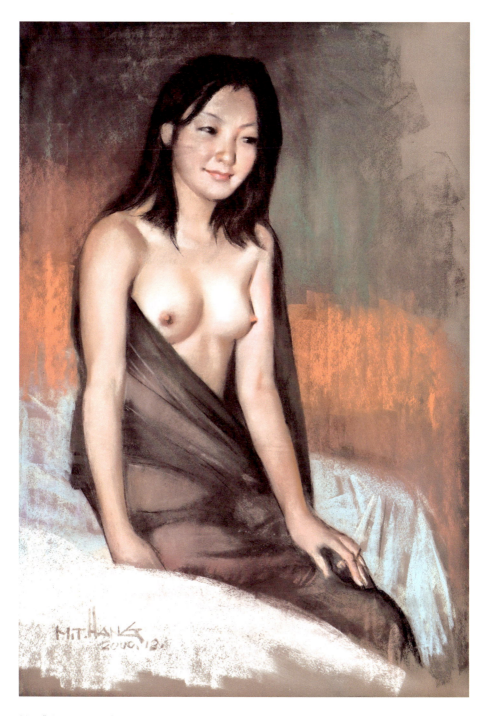

粉画《披纱半裸少女》。

杭 我前年就有这个考虑,知道有难度。他要求领头人必须在 70 岁以下,我已超龄了,必须物色一个有号召力的人。反正在政策许可的情况下,工作先做起来再说,尽量争取能办成。

姜 很长一段时间以来,粉画之所以一直不被普及,有一个很重要的原因是当时粉画的工具材料少。在那样一种情况下,您作画用什么纸呢?

杭 五金店卖的金相砂纸,很小的一张。后来我儿子发现北京砂纸厂就生产这种砂纸,就给我订了 20 张对开大砂纸。我也不太舍得用,还送了 2 张给浙江美院的院长。苏州有一个叫曾乃斌的,这个人喜欢研究,他以前是苏州自来水公司的工程师,后来画国画,我们做了朋友之后,他知道我缺这个纸张,就琢磨给我生产,我用用觉得不错,他说那我就供应你一辈子。他原来想用我名字的谐音注册"名仕"牌商标,结果这个牌子有人注册了,现在注册为"奕彩"牌,已获批准。产品供应国内外,市场很广,销路很好,供不应求。这充分说明画粉画的人多了,以前根本没有销路。

姜 那您是怎样打动他,让他愿意来生产粉画纸的?

杭 1998 年,我在苏州美术馆举办个人首届粉画展时,他看了我的粉画,又听了我的发言,知道国内还没有生产出可供画家用的粉画纸后,他找到我家对我说,他要辞去自来水公司的工作,专门研究生产粉画纸,来为粉画家服务。所以我老说我用粉画去"勾引"人。(笑)

姜 他是不是以五金店砂纸为基础进行技术改良?

杭 对。中国人做商品都不像国外那么严格。型号不同的 400 号砂纸、500 号砂纸、600 号砂纸粗细不一,400 号的粘得很牢固,500 号的粘得就不牢,画时沙子会掉下来,抖一抖就掉了,等于这一层白画。这一类的缺点,现在都逐渐在改进。尤其是砂纸只有一种墨绿色,现在生产的粉画纸颜色已有 10 多种,根据作者特殊需求,还可以增加颜色。苏州科技学院有位年轻教师,在实验要把砂粒喷在丝网上,如果能成功,那粉画会另辟新路。

姜 粉画容易掉色的问题现在能解决吗?

杭 苏州科技学院的龚士春老师跟我关系挺好,他是教模型课的,他一直在默默研究解决颜色的固定问题,小样试验后基本已经解决了这个难题,但还不完善,还在继续研究中。

姜 现在市面上的粉画笔、粉画纸生产是个什么状态呢?

杭鸣时的粉画作品《幽居》等 10 幅作品发表在美国的专业粉画杂志 PastelJournal 上,杭鸣时回答编辑关于粉画《幽居》创作过程的手稿。

杭 现在生产粉画笔的国家和种类都很多,我用过的就有法国、德国、美国、韩国、日本、澳大利亚和中国马利的,还有很多没有用过的。粉画纸国外生产的也不少,但价格贵,国内粉画家基本上都用曾乃斌先生生产的"奕彩"牌粉画纸,用国外进口粉画纸的比较少。

毕生追求真善美

- 我热爱的粉画和挚爱的妻子丁薇,就像阳光和空气,缺一不可。
- 孩子走了我再怎么伤心难过他总是不可能回来了,我们的人生还有很长一段路要走,我们应该是为党做些事情,对社会做些贡献,这样活着才有价值。要不然,我们就是"三等"公民,等吃、等睡、等死。
- 我请他吃饭其实是冒着受牵连的很大风险,但我就觉得这是我的学生,就像我自己的孩子一样,我能竭尽所能地照顾他一点就是一点。
- 我强调童子功,你年轻的时候积累的本事会让你这一辈子都受用。
- 我要画老百姓看得懂的,画我自己感动的,认为美好的东西奉献给大家。我毕生追求的就是雅俗共赏和真善美,用写意的手法画出写实的效果。群众喜闻乐见,我就开心了。

生命中最重要的另一半

姜 您和丁老师是圈内有名的神仙眷侣,大家都艳羡不已。这么多年,您俩互相扶持,琴瑟和谐,传为佳话。您和妻子丁薇都是上海人,又是鲁艺同一届的大学同学,你们是在去学校的火车上认识的吗?

杭 第一次在上海的高考考场里面我们也见过,但是大家也不打招呼也不认识。在去东北鲁迅文艺学院报到的火车上我们互相认识了。当时大概只有十几个上海的学生被录取,录取的名单在上海《解放日报》《文汇报》上都公布的。公布名单的那张报纸,我的一个学生在上海图书馆找到了,还复印一份给了我。当时学校共有雕塑、绘画、工艺美术三个系,50来个人。工艺系一共有两个专业,一个是装潢设计,一个是染织设计。我在绘画系,丁老师在染织专业,我是绘画系班上的业务课代表,专业在全校都很突出。丁老师在第一届学生会选举时是文体部长,后来第二届就当选为学生会主席。我们学校是东北鲁迅文艺学院,文艺活动特别活跃,当时我们考进去的时候不叫美术学院,叫美术部,另外还有戏剧部和音乐部。类似于现在的三个二级学院。每个礼拜我们学校都开晚会,开晚会的时候美术部负责布置会场。我是业务课代表,每次都被丁老师这个文体部长叫去帮助布置会场。

姜 这么说,丁老师当时是鲁艺的风云人物,您是怎么追求丁老师的?

杭 是丁老师追求我。(笑)我当时喜欢一个杭州女孩,她父亲是杭州某企业的工程师,比我高一级。那时候年轻人谈恋爱都有自尊心,不肯轻易表白,万一表白遭受拒绝怎么办?我发现她画画的笔太差,不是专业的画笔,我就委托她班上一个跟我要好的男同学把我的进口画笔借给她用,假如她接受了我的笔,我就可以考虑下一步。(笑)结果,过一段时间,这个男同学说她用不惯这个笔又还给我了。

杭鸣时和丁薇在大学时的照片。

新中国成立以后上海都不敢跳舞了,在东北跳舞却大行其道,每个周末我们学院都要组织舞会,我盯住学校的三朵校花,轮流找她们跳舞。(笑)

  丁老师我还真没有主动追她,她那时是学生会主席,高高在上,老给我们发指示布置工作,追她的人又很多。丁老师和我都是上海人,有一年寒假我们很多同学一起从沈阳回南方,一路上要三天三晚。那时候南京还没有长江大桥,火车要轮渡摆渡,分几节车厢来来回回,这几节过去了,那几节再过来,来来回回摆渡就要4个小时。我们两个到上海是最后一站,走到最后就剩我们两个了。后来从上海返回东北,我们约好一起回沈阳。坐三天三夜太难受,我们就一起合着买了一个上层的卧铺,卧铺票贵多了,一人买一张买不起。我们就轮流睡,你睡一天我睡一天。当时这个三层的卧铺顶上悬挂着一盏圆形玻璃吊灯,灯罩都被我撞破了。我们回到沈阳的时候天已经黑了,从火车站坐有轨电车到南湖公园,再从南湖公园到我们学校还有一两站路,还要走雪地,我们拎着大箱子,还不是带轮的。因为东北人喜欢上海的轻工产品,我带来一些上海的礼品想在熄灯以前分给我的同学们。我急急忙忙往前走,我说要熄灯了,她说走不快。那晚皎洁的月光照着满地白雪,我们慢慢走着,眼睁睁看着学校熄灯。谈话中彼此心领神会,以后就开始了作为"朋友"的交往。(笑)

姜 那时候大学允许谈恋爱吗?

杭 我们当时谈恋爱不像现在这样,那时候学校还不让太公开,尤其是我们快要毕业那一年学校搞政治运动,不能互相串联,这种气氛下公开场合不能过多接触的。我们有时候只能是背地里头两个人约好,晚上在学校哪个地方碰个头什么的。

丁老师是工作第一,她是学生会干部,经常开会。明明说好约会的,只要她一开会我就白等了,有时候等来等去宿舍都要熄灯了,我就回去睡觉了,她也会因为让我久等而抱歉,开完会来敲我们宿舍门,告诉我她刚刚才开完会。一次次的约会,往往都是由于她的开会而泡汤了。

我们约会的时候都不敢牵手,转来转去就在鲁美的教室里聊天,教室有很多画架,我们就躲在画架后面。当时还有查夜的,查夜的人都认识丁薇,当时就向系主任汇报。最后我们结婚的时候请我们系主任当主婚人,他说祝贺杭鸣时和丁薇从地下转到地上。(笑)

姜 您和丁老师携手这么多年,有没有发生过什么争执?

杭 我们刚刚鲁艺毕业的时候,眼看出国留学没有希望,我们两人又分居异地,我就另辟蹊径去上海找关系。当时的华东纺织局在南京西路的金门饭店,华东纺织局人事处处长的父亲和我父亲是世交。我就委托华东纺织局人事处处长把丁薇调回上海。结果这个事情遭受当时正参加抗洪救灾、积极要求入党的丁薇的拒绝。

1959年,杭鸣时和丁薇婚后第一年,杭鸣时以妻子为模特创作的油画。

因为丁薇认为我是走后门,是不正当的手段,她拒绝回上海。这件事情让我很生气,我费这么大的劲,只要她一回去我就可以回去,我姨父还等着我回上海,上海市文化局要办年画学习班,他们缺少理论知识,希望像我这样鲁美毕业的学生去给他们当助教。结果她不去,我也回不了上海。丁薇还有一件事情也让我很生气。生下大播后,我一直想要一个女儿。丁薇是个工作狂,每天很辛苦从南湖到北陵跨越大半个沈阳去上班,她觉得当时已经没有能力再抚养一个孩子,大播都放在上海外婆家没时间照料。我下放在农村的时候她已经怀孕了,后来她自作主张瞒着我到医院去做人流,学校有留守的人告诉我丁薇到医院去了,我就知道她去做人流了。我急忙赶回去,她已经做完人流回家了,我气得砸了三个玻璃罐,家里面新买的电视机舍不得摔。到我儿子走的时候我们已经50多岁了,也来不及了,她后来也后悔,我也不再提这件事了。

姜　在您的绘画道路上,丁老师是不是您的得力助手?

杭鸣时和丁薇,1986年摄于海宁盐官庙宫前。

丁薇粉画作品《不朽》,入选《第八届全国水彩—粉画作品展》。

杭 对,是我的得力秘书。我们之间比较了解,这个事情怎么处理好,找谁,讲什么,都是她来出面处理。包括一些资料的保管啦,传递啦,都是她亲力亲为。

姜 丁老师为了成就您的艺术生涯,放弃了自己的艺术追求,全身心辅助您。在您眼里,丁老师是怎样一个人?

杭 丁老师是为我私人订制的好妻子。(笑)我在家里什么事情都不管,事无巨细,里里外外都有她包揽,我才得以将全部精力投入到粉画创作和推广上。我热爱的粉画和挚爱的妻子丁薇,就像阳光和空气,缺一不可。

姜 丁老师在70岁时开始创作粉画,您第一次看到丁老师的作品是什么感觉?

杭 我觉得画得挺好。她心静,考虑得比我多。

姜 您怎么看待丁老师在艺术上的成就,最喜欢丁老师的哪幅作品?

杭 丁薇在鲁艺学的是染织专业,毕业后并没有画过多少绘画性作品。来到苏州科技学院后在建筑系教平面构成,在我的影响下,开始接触绘画。她刚开始以花卉为题材搞粉画创作,由此对粉画产生了浓厚的兴趣。她平时操劳家务,甘当后勤,也没有多少时间动笔。后来我在各地讲学,办粉画高研班,她就有时间画画了,无论是章法、空间、层次、节奏、气韵及粉画特有的利用底色的技法把握都相当到位,她画的《姥姥家》,我回家看到,都不相信是她画的。她画的花卉很有境界,虚实关系处理得很好。她的代表作《不朽》《千年胡杨》都很有穿透力。

姜 您指导过丁老师画画吗?

杭 不敢。(笑)

姜 丁老师对您的绘画创作有过哪些直接的建议或者帮助?

杭 我画画时她常来提意见,有的我接受的,有的我有不同想法就不听她的。我也给她提意见,说她画得太认真太慢了,有时她也不听我的,她说她有自己的想法。

姜 您觉得谁最了解您的画,最懂您的画?

杭 丁老师是我的第一个读者,也是最懂我的。

姜 您有没有以丁老师为原型创作过作品?

杭 我给她画过几次肖像,有粉画、水彩、油画。丁老师一直不满意,可是我挺自豪。(笑)

丁薇粉画作品《千年胡杨》。

不仅仅是儿子

姜 您不仅有丁老师这样的知心伴侣,还有一个非常优秀的儿子。您当时给儿子取名大播有什么特别的含义?

杭 杭大播的名字,第一层意思是在60年代第一春,正好我被下放农村劳动,大播是在播种期间出生的;还有一层意思就是我们文艺工作者要大力传播毛泽东思想。大播生下来的时候,我母亲都认为怎么像小鸡似的,这么瘦!当时是困难时期,营养不良发育不好,甚至都怀疑是不是医院把孩子抱错了。后来有一个小动作验证,我和我父亲睡着时,脚趾头自己能动,看看小家伙也是这样,这证明是我们家的遗传基因。(笑)

姜 有您和您父亲在绘画方面的遗传基因,是不是大播从小就喜欢画画?

杭 他喜欢绘画纯粹是天赋,他从小喜欢画马、画汽车、画轮船。他外婆家靠近上海黄浦江,从三楼晒台上就能看到黄浦江上船的桅杆,他不满足,要外公陪他跑到轮船码头,仔细观察,哪里是门,哪里是救生圈,都弄得一清二楚。回家就画,画得像模像样。他来沈阳,我们学校门口停了辆卡车,他会钻到汽车肚子底下去看。看到马车停下来,马儿在那里打滚休息啊,他目不转睛地盯着看半天。回家画画的时候这些卡车、马车的细节,马打滚的各种动势他都会画出来,非常生动,就像写生一样。

他五六岁的时候,有一次,去我姨父家玩耍。我姨父上楼梯的地方摆放着块小黑板,他就在那块小黑板上用粉笔寥寥数笔勾出一个斯大林头像。我姨父一看震住了,这么小的孩子居然把斯大林的特征画得惟妙惟肖。而且,他画斯大林仅仅是源于在我们家的画报上看过有些印象,就能自如地画出来了。这是他第一次崭露头角。在沈阳念中学的时候,他也到啤酒厂参加劳动,看见有工人偷啤酒,穿

幼年大播和父母合影。

着很大的棉衣里面缝着好几个衣兜,每个衣兜里装四瓶啤酒,他都会在画里画出来。

  大播小时候,我姐姐住在北京大北窑,我们去北京也会带他去,他对大北窑的环境比较熟悉。有一次,我的同学廖炯模(当时是我同事,后调到上海大学美术学院任油画系系主任)来我们家聊天,我家的收音机正在播放《苏修特务落网记》,播音员讲解特别详细,怎么接头,公安局怎么包围,在北京大北窑怎么把他抓起来。大播就坐在桌子旁一边听广播一遍画画,等广播结束以后,他把他画的一共14幅关于特务落网的连环画给我看,各种动作,包括"不许动"这种语言,活灵活现,栩栩如生。我和廖炯模都很惊讶,一个七八岁的孩子可以凭借广播就能画出形象生动的连环画来,而且又如此快速敏捷,真是不得了。

姜 大播小时候一直在上海长大?

杭 他一出生就放在上海,在姥姥家、奶奶家两边住。后来接过来在沈阳文化局的长托幼儿园读了两年。那时我正意气风发地带着学生到处写生创作,经常出差。丁薇时任辽宁工艺美术研究所设计室主任,也长年出差。后来又先后被调到沈阳二轻局科技研究所工艺美术研究室和装潢设计公司任负责人。很多时候我们都是将大播临时托付给邻居或者幼儿园里的阿姨。"文革"以后我们朝不保夕,就把他又送回上海。因为他的户口在沈阳,在上海不能上小学,他一年级、二年级的课都是我岳父教他的,三年级插班在上海中华路第三小学。大播在上海读书的那几年都是他外公、外婆陪伴。大播的外公丁季虞是一位很有文化修养的银行职员,眼睛高度近视,做事极其认真,经常闹出一些小笑话。大播在8岁时就编出了两集《外公笑话传》,每一集的内容和图画都是围绕外公的近视眼闹的笑话,图文并茂,充满灵气。善意而亲昵的讽刺,妙趣横生的概括,孩子气的幽默感十足,浓浓的生活气息中有着对外公深深的爱,也流露出这个孩子不凡的绘画天赋。

姜 大播小时候大部分时间是和外公外婆在一起,您和丁老师与他在一起的时间就显得特别宝贵了。

杭 大播小时候,我们特别忙,没有时间带大播,我母亲带着大播去北京我姐姐家。有一段时间还寄养在北京的家庭托儿所。我抽空到北京去看他,他知道爸爸来了,和我特别亲热,我要离开他不准我走,趁他不留神我偷偷溜走的,心里挺难过。后来,大播来到沈阳入托。丁老师在单位特别忙,她觉得接孩子请假都开不了口,大部分都是我们邻居去接孩子时把他带回来。偶尔,我也去接他,那时候自行车还买不起,借邻居家的车子,从托儿所载着他骑回来。大播晚上跟我一起睡觉,让我给他讲故事,我不会讲儿童故事只会讲大灰狼,他不厌其烦地要我讲,重复也行,他就喜欢听我讲故事。

姜 大播生病的起因是什么?

杭 五年级时,大播回到沈阳南湖小学就读,后来考入沈阳第九十九中学读初一。那时候我们工作都很忙,家住在南湖,丁薇在北陵的省工艺美术研究所上班,一南一北,每天坐公交车路上往返要花费三四个小时。平时大播在家里面自己照顾自己。那时候为了照顾南方人不喜欢吃面食,可以去买碎米,碎米里面石头子、沙子多。大播经常吃这样的大米饭引起阑尾炎肚子痛,可是我们都不知道。我那个时候对他也不是太照顾,父亲不太会管儿子,只顾忙自己的事情。

1973年9月,我因为胃出血,住进了沈阳医学院附属第三医院内科病房。大

大播创作的连环画《卓别林五岁登舞台》草稿,作品在大播去世后发表在《连环画报》上。

播在学校开完运动会回到家肚子开始疼痛。当天他忍着没有告诉妈妈,第二天半夜疼痛难耐被送到了医院,值班医生把他误诊为痢疾,给他开了抗菌素,耽误病情导致阑尾穿孔,转为急性腹膜炎,必须马上动手术。那天给儿子主刀的是两位工农兵大学生,因为篮球技术高超有体育专长被沈阳医科大学留校。手术可想而知,非常失败,肚里的脓液都没有处理干净,就把伤口缝上,而且插在刀口上作为引流的管子,位置不对,管口朝上,腹腔的脓液流不出来。结果3天后刀口表层的皮肤愈合,刀口内部的脓液越聚越多,大播的体温一路飙升到40度,满嘴胡话。在鲁美一位老师的帮助下,我们终于联系到了一位外科副主任医生。她说,大播已经高烧成严重的肺炎,如果手术不顺利,可能下不了手术台,但如果不手术,他坚持不到第二天。医生说已经相当危险,要家属签字,我都要晕过去了。最后还是丁薇很冷静,她理智地对医生说:做手术可能下不来手术台,也有可能下手术台。但不做手术坚持不到明天,那就做手术,我签字。整台手术长达4个多小时,腹腔作了彻底清洗,腹部、背部的蜂窝组织点切了26个刀口,清除了里面的脓液。对于我和丁薇来说,这4个小时是这辈子最漫长最揪心的等待,到今天我都受不了。

姜 手术结束后大播状态好吗?

杭 手术结束后,大播一直处于昏迷状态。到第四天,大播终于挣脱死神的魔掌醒了。可是,病痛仍旧在折磨大播。为了使随时产生的脓液及时排出体外,大播的前腹部有10个刀口,后腹部有16个刀口,为不让刀口愈合,每两个刀口都穿着一条浸透药物的纱布。因为如果刀口愈合,体内产生的脓液就排不出来。所以每次换药的时候就如同施酷刑,带药已干的纱布一条条从伤口抽出来,再把新的药纱布从一个切口塞进去,再从另一个切口勾出来,以此来清除体内产生的脓液等分泌物。每拉动一下带着脓血和嫩肉的纱布,大播全身都是一阵颤抖,听到他撕心裂肺的惨叫我心如刀绞,我不敢看他痛苦的表情,我会躲到走廊上去。丁薇在旁边紧紧抱着大播。后来,所有的消炎药都用上了,可是,大播的炎症依旧没有得到有效控制,不断蔓延。医生说,如果炎症达到脊髓感染了中枢神经系统就无药可救了。一直到一种从英国进口的先锋霉素的出现,每天打两针,连续注射3天,大播的炎症终于被遏制转危为安,与死神擦肩而过,3个月后出院。因为长期卧床,大播都不会走路了,我们扶着儿子,一步一步重新练习走路。更荒唐的是,我们出院后给大播擦身时发现腹部又鼓出一个小水泡,再去医院复查,结论是刀口里面遗留有纱布线头,异物引起发炎需要再做一次小手术。这样前前后后,大播在医院一共治疗了4个月。但是我们万万没有想到,这一次虽然我们从死神那里抢回来了与生命顽强抗争的年仅13岁的大播,其实却埋下了一颗炸弹,会在10年后炸响。等到炸弹响起,我们已经无力回天。大播就是"文革"的牺牲品。

姜 对这个医疗事故,医院怎么说?

杭 大播出院时,我们一再要求医院承认因误诊造成医疗事故的事实。医院革委会却一再推诿,拒不承认,只同意在收费方面予以减免。我质问他们既然不是医疗事故,为何同意减免费用,他们只是顾左右而言他。后来,丁薇根据住院期间记的日记,写了一份材料送到了辽宁省革命委员会主管文教卫生的省革委会副主任手里,他们派员下来调查后终于引起了医学院有关部门的重视。但是医院虽然承认这是一起医疗事故,也没有任何赔偿,说我们不是工人、贫下中农,是知识分子,所以不给任何赔偿。

姜 那您后来去找给大播治病的医生理论过吗?恨他们吗?

杭 没有,他们是刚刚毕业的工农兵大学生,找他们有什么用啊。这是"文化大革命"特殊时期造成的,否则那么一个简单的病也不至于酿成灾难。真正有技术的医生都靠边站不让去做手术,工农兵学员刚刚毕业就上手术台!我也不去恨这些医生,这就是那个混乱的动荡岁月造成的。

姜 也就是这次生病带来了祸根,10年之后,病魔再次袭击了大播。

杭 1983年,大播在北京朝阳医院被医生确证为恶性网状细胞增多症,一种最为凶恶的血癌。医生说这种血液病的潜伏期是10年,他是1973年做的手术,到1983年发病,整整10年。"文革"期间,有句口号是不破不立,把原来好的制度全都破了,新的制度还没有立起来。所以医院给病人输血,就是在医院门口找那些卖血的人,常规体检化验都没有。不好的血液输送到大播体内,潜伏10年后就发病了。他生病以后翻了很多医书,对自己的病情非常清楚。但是他很勇敢,很淡定。他对他的同学说,我父亲母亲已经50多岁了,我走了以后要照顾照顾我父母,这些都是他同学后来跟我们说的。有一次他打开收音机,正好唱一首歌《妈妈呀,妈妈》,他就转过脸对着墙壁,我知道他在流眼泪。

姜 天妒英才。

杭 他如果活到现在可以做很多事情,他的同学都说,如果大播活到今天,一定是国内室内设计的权威。他是中央工艺美术学院全国室内设计第一届的学生,77级的所有学生,成绩都特别优秀。

姜 大播去世,听说你们一直瞒着他外公外婆,这段日子是怎么过来的?

杭 直到两个老人去世都不知道大播已经走了,我们都没有说穿,丁薇每次都伪造大播的语气和笔迹写信给她父亲。但是我估计我岳父岳母都心里有数,大播又比较孝顺,这么长时间不来看他们,照片也该寄来吧,最后大家都不说这个事情。

姜 就彼此都心照不宣。

杭 每次回去岳父母都要问,丁薇都要编造理由,编造完了就躲到洗手间偷着去哭。

姜 那个时候是最最痛苦的时候。

杭 我们真的痛不欲生,整个世界都崩塌了。我除了新闻联播的时候看看新闻还有脑子外,其他都没有脑子,不知道坐在那里干什么,发傻。丁薇说我拿不起笔了。

姜 您有一年多时间没有创作过。

杭 那时候是没有画过什么东西了,懵懵懂懂的,失魂落魄了。后来辽宁美术出版社请我画一套粉画的世界舞蹈挂历,精神又有一点寄托了。这本挂历发行了10万册,再创挂历发行量之最。

姜 为了彻底从这个阴影中走出来,您二老选择了从沈阳到苏州,想换一个环境。

杭 办完大播的后事,我们从北京回到沈阳,沈阳好多朋友都是出于好心来看我们,很自然总会关切地询问大播的病情,我们就一遍一遍讲述,伤口反反复复一遍遍被撕裂,我们几欲崩溃。在鲁美我们特别触景生情,看到邻居的孩子,和大播从小一起长大的孩子,就会想到自己的孩子。所以我想我们必须离开那里才能开始新生。

姜 杭老师和丁老师从痛苦中走出来,而且还是那么乐观、坚强。一般的老人都做不到,这与您平时从事的艺术,与您的心境修养都是有关系的,所以才能够这样坚强。

杭 孩子走了我们再怎么伤心难过他总是不可能回来了,我们的人生还有很长一段路要走,不能一蹶不振混日子。儿子也希望我们好好生活下去,我们应该为党做些事情,对社会做些贡献,这样活着才有价值。要不然,我们就是三等公民,等吃、等睡、等死。

姜 大播的离世,对您后来的艺术创作有什么影响?

杭 大播原本是学习室内设计,但他觉得搞室内设计的人假如不懂建筑设计,是不可能出类拔萃的。于是,他自己订阅建筑杂志,到建筑设计院图书馆去看书,自己往建筑设计上面努力。但是他没有完成他的想法就走了。我是父亲,原本我的事业应该他来继承。大播走了,他没有完成的事情我也要去完成。我想我到城建环保学院建筑系,这和大播的室内设计又接近了。我在建筑系给学生上基础课会讲到大播生前的作品。大播留下来的作品我们还在科技学院办了一个小型的展览让学生观摩,反响非常强烈。当时我们城建环保学院没有室内设计专业,只有建筑专业,我就想在建筑系成立室内设计专业。我立即向建设部打报告申请,可是我们建筑系的领导都不同意,认为我异想天开,他们说建筑系里面没有室内设计这个专业。我们学校建筑系的系主任,也认为把建筑系办好都很吃力,他不主张再搞室内设计。如果当时室内设计开设成功,我肯定要从绘画转到室内设计,那就没有今天的粉画传播了。浙江美术学院知道我这个想法后,一直在观望,见我们迟迟没有动作,他们立刻申办了,现在他们的室内设计系搞得红红火火。

姜 大播在中央美院学的是什么专业?

杭鸣时和杭大播在中央美院的宿舍合影,这是大播生前和父亲最后一次合影。

杭 学的是室内设计,考的时候叫家具设计。那个时候没有室内设计,有一家大型家具集团希望中央工艺美院能够培养他们的接班人,就开设了这个专业,第二年就改为室内设计专业。

姜 大播那时候为什么要选设计系这个专业呢?

杭 他自己喜欢,考前我在家里给他突击上课。沈阳包括他在内,就考上两个人。他们俩是应届高中毕业生,年龄小,他们班上其他人多数是"文革"期间的老三届,有的比大播大十来岁,有十几年素描基础。

姜 那您是怎么给他突击的?

杭 让他临摹,教他画柜子。大播小时候喜欢画画,但没有系统地学习,没有素描基础,照着石膏都画不好,但是他凭借印象速写的能力很强。

姜 大播在学校成绩特别优异吧。

大播的部分遗作

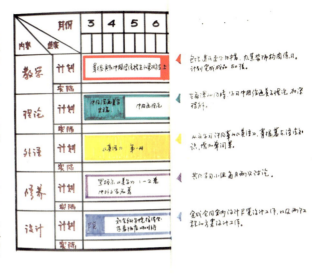

大播在中央工艺美院工作期间的个人学习进修计划。

杭 大播特别爱学习,我们都不知道他手术后有一段时间在上海养病,把街道图书馆所有的书都看完了,再去借书的时候人家工作人员都说实在没有书借给他了。这是后来他去世后,他同学写回忆录时告诉我的。大播刚进中央美术学院的时候素描基本功在班里是不行的,因为没有基础,形都不准,很痛苦的。他的同学有的是当过美术老师进去的,基础比他好很多。但是两年以后,他在班上奋起直追成为佼佼者。只要老师说他这张素描画得不行,他就会废寝忘食画很多张,一直画到老师满意为止。

他思路比较快,有独创性,而且触类旁通,他临摹酒具杯子,杯子倒挂起来就是灯具,他到图书馆画灯具的时候,灯具倒过来就是餐具。老师给学生布置的作业,他能超出老师作业的五倍交上去。他的一些技法甚至后来会演绎变成中央工艺美院的风格。

中央工艺美院有个工业产品造型设计专业,专业设计汽车灯、餐具、手表、马桶、家用电器等工业产品的造型,这些跟他专业没关系的他都画。他也不是学汽车造型设计的,他不设计汽车,但是汽车造型的效果图他也会画。大播会去大使馆门前把各国的汽车都拍下来，根据汽车的样子再画效果图。不但系主任很欣赏他，他们学校里从大门收发室到图书馆勤杂人员都认为杭大播留校是没有问题的，各个系老师都希望他留校。大播去世后，他们的院长常沙娜告诉我，大播是作为全校第一号种子留校的。

姜　他还自己亲手设计过衬衫。

杭　对。他自己的衣服他自己设计，买的最粗的油画布做的衬衫还挺神气，还给他们同学裁喇叭裤，引领他们中央工艺美院的服装潮流。

姜　大播在艺术上还有哪些天赋？

杭　他的想象力非常丰富。没人教过他画马，他用我做雕塑的泥巴做了一匹雕塑的马，马的结构做得非常好，虽然他没有学过解剖，但是他很用心。他在医院住院时，把注射过后输液的小瓶子用胶布粘在一起做成一个小的坦克，就和苏联的重型坦克结构一样，比例都挺对，坦克盖子上面还用玻璃吸管做炮筒，再插面小红旗。他还用几个不同形状的牙膏壳做成《红灯记》里面李玉和手提的吊灯。他对色彩有很强的敏感度，他喜欢用褐色、黑色、白色、奶黄色这几个颜色，他同学到德国去发现那里很多设计全是这些颜色。

姜　大播从中央美院回家跟您探讨艺术问题的时候，你们会有争执嘛？

杭　没有什么争执。我还要向他请教他们老师怎么教他，我也暗暗学习他们老师教的东西。我们不仅仅是父子，更像师生和朋友。

姜　有人说，你和大播在一起，大播是父亲，您像儿子。

杭　大播比较稳当，不太多讲话，成熟。我比较喜欢多讲话。他身体动手术后有段时间我被调去白求恩医院搞柯棣华纪念馆的创作。我让他来北京再去白求恩医院复查，那天我正在画画，让我一个学生去接他。学生告诉我大播太老成了，小孩坐公共汽车路过天安门大多数都会很兴奋，大播虽然是头一次看天安门，他就看一眼，沉稳得不像小孩。1981年，我和上海的连环画家贺友直被中央美术学院借调到年画、连环画系上课，住在一个宿舍。那时大播正在中央美术学院读书，他经常去看我们，当我不在时，他也会去向贺友直请教。多次接触后贺友直开玩笑地对我说：你是猢狲（猴子的意思）搭热石（这是一句宁波话），大播比你稳重，好像他是父亲你是儿子。

姜　您和儿子的关系是亦父亦子，亦师亦友。

杭　对。国家体育出版社社长鲁光是我的好朋友，他撰写过报告文学《中国姑娘》。

有一次,他看我跟大播在沈阳聊天的时候,就说你们俩唠嗑不像是父子关系,倒像是朋友。大播去世以后,他写了一篇关于我和大播的文章在《中国青年》上发表,标题就是《不仅仅是儿子》。

姜 您对大播在艺术上的追求满意吗?

杭 我自己没有做到的要求他做,他都做到了。比如说他看电影我就要他记住有些电影导演有名的一些画面,要记住这些画面的结构,静的、动的,黑白灰,亮的、暗的,分别是怎么处理的。他看了电影《巴顿将军》,就把它画下来。看了日本画家东山魁夷的展览,因为买不起画册,他就用小画画下来。观看足球赛,时装表演,他回家画记忆画,画得就像当场画的一样。在公共汽车里面,看到拽着把手挤来挤去的乘客的各种动态,他回家后都会默写下来,而且每个人都有表情,绝不雷同。所有这些记忆画,都要慢慢去培养,才会有这种能力。我觉得我都画不好。

姜 大播逝世后留下的3000多件作品后来在南艺做了一个作品展。

杭 当时,冯健亲教授时任南京艺术学院的系主任,他在我家看了我儿子的遗作,他说拿去给学生看看有促进作用。现在孩子不好学,举办大播的遗作展览去促进一下他们。南艺举办我儿子的遗作展时,江苏美术馆正举办我的粉画艺术展。我儿子的作品拿到南艺去展览的时候,南艺的学生就问张道一,大播学的什么专业?怎么什么都有,一会服装设计,一会水龙头,一会锅、灯,还有室内设计。张道一就对他的学生说,杭大播学的是艺术,不像你们只会画一种,艺术就要触类旁通。

姜 这些作品你们当时都不是很清楚?

杭 他去世了以后我们整理他的箱子发现的。一共3000多件作品,他分门别类全部整理好,非常清晰有条理。

姜 大播的这个习惯是受你们影响吗?

杭 他一直很有条理。我从印刷厂拿回来的纸的边角料,他拿去除了画画,还做成封面,自己积攒起来,就像出版物一样。小时候大播跟他舅舅在一起生活过,整理东西很有条理这一点受他舅舅影响很大。他舅舅虽然没学过裁缝,做衣服做出来就像成衣厂做的一样。刚出来"的确良"的时候,他给我做了一件的确良衬衫,就像买来的一样。他从来没做过木匠,自己结婚的时候做了一个橱子,做得比买来的还精致,手特别巧。丁薇也很有条理,这一点大播是继承了外婆家的基因。

姜 大播的那个雕塑是谁为他做的?

杭 中央美术学院教授钱绍武,在大播去世以后给他做了一个塑像。钱教授本来准备把大播的这个雕塑作为一个不懈追求艺术的青年艺术家形象放在北京台基厂广场，但是因为大播当时留点长头发，穿着喇叭裤，审稿的时候，北京市一位工人出身的副市长，认为雕塑形象的头发太长，要求把头发弄短。雕塑家不愿意改变大播的形象，就放弃了，把这个小的雕塑送给了我们。

缘定苏州

姜 您在鲁艺学习、工作、生活了33年。大播去世后,您和丁老师从沈阳回到南方,为什么选择到苏州科技学院呢?

杭 我想这就是我和苏州的缘分。那时候苏州科技学院叫苏州城市建设环境保护学院。我也联系过上海大学,但调去上海大学不提供住宅。而来苏州城市建筑环境保护学院,进来就给你一套房子,而且苏州又是宜居城市,所以选择了这里。

姜 您是什么时候开始有离开鲁艺的念头的?

杭 因为我的家庭出身和我的绘画才能,鲁艺有人比较压制我,当时既不重用我也不放我走,我就是被吊在那里。我一直比较压抑,很想回南方。后来中央美院要我去带研究生教年画,回到学校后也同意我搞了个年画工作室。那一年个人开工作室我是开天辟地头一个。我想离开鲁美的念头早就有的,只是学校不放我。大播走后,我们要换个环境就成了充足的调动理由。

姜 那时候学校还是很支持你工作的。

杭 当时是支持我办工作室的,后来我弄得风生水起,反倒要取消了。1980年成立工作室,培养了三期学生后就把我晾着,不招生了。当时体育出版社有个叫法乃光的编辑,他的书法写得特别好。他请我去画一幅有关华国锋的画,内容是华国锋在体育学院接见运动员,因为华国锋很关心体育事业。结果《春到体坛》年画创作后,华国锋下台了,所以这幅年画也就一直没有出版。在创作这幅画的同时我就在想办法怎样调回南方,结果大家都说不容易,那时候人是单位所有制,单位不想放你,你就不能走。我请法乃光给我写了"不容易"三个字,一直挂在鲁美12平方米的家里。

姜 尽管不容易,但是一直抱着这个念头。大播去世后你们想离开那个到处都有

1983年,杭鸣时在鲁艺的同事章德甫调到苏州工作,为了庆祝他调动成功,杭鸣时特意把这幅在浙江大学三分部小礼堂创作的水彩写生作品送给了他。1985年,杭鸣时夫妇调回苏州后,章德甫又把此画回赠给他们。

大播生活气息的环境,于是更加坚定了之前的这个想法。

杭 大播走了之后,我们更想换个环境,离开鲁美。孩子没了,我们在北方又没有亲戚,学校考虑这些因素,就同意我回南方。

姜 您是什么时候调到苏州的?

杭 1985年5月23日,毛主席在延安文艺座谈会讲话的纪念日。

姜 您从沈阳调到苏州城建环境保护学院,多少跟大播学的专业有些关联,是不是当时特意的选择?

杭 没有。当时我原本想到上海大学,上海大学刚刚组建,特别不正规,学校不给提供宿舍。我们在上海又没有房产,到哪去找房子呢?在这种情况下,我们来到了苏州城建环保学院,当时,学院有福利分房,来了就分给我一套住房。但那时候我们学校属于郊区,旁边一望无际都是农田。有些鲁艺的老同学来苏州看了以后说,杭老师调到苏州去,惨不忍睹,学校周边一片农田,找吃饭的地方都没有。(笑)

姜 心里有没有失落的感觉?

杭 也没有。重起炉灶,那时候还年轻,这也是和苏州的缘分。

姜 沈阳和苏州是两个截然不同的地缘环境,您来到苏州,在和苏州本地的画家交往当中习惯吗？

杭 我刚从北方过来时，就觉得苏州人太彬彬有礼了，所以相交不深。很多画家会在苏州留园挂画，因为那里游客非常多。我来了3年没有叫我去挂，后来叫我去挂，但是都给我挂在边边角角，我就拿回来不去参加了。

姜 尽管您不热衷于去做这些自我推荐的事，您却当选为苏州市美协主席了。

杭 那是大家选举的，是苏州市美协副主席。我觉得我这个人不是当领导的料，性格太直，水平也不够，我就想让给别人，他们还说我傲气。既然大家推选了我，我就认认真真、踏踏实实地帮大家做些事情。

姜 您在鲁美33年的教书生涯中，桃李遍天下。亦师亦友，您和学生之间一定建立了深厚的感情。

杭 鲁美的学生跟我感情很深，我当时对他们要求很严格，他们每次来苏州看我都带很多土特产。"文化大革命"时期，我觉得刘少奇有什么错呢，我就跟学生辩论，学生认为我不是造反派，他们那时候对老师也是不客气的。"文化大革命"结束后，那些学生都觉得后悔，知道我胃不好，给我送胃药，还向我表示歉意。

"文革"期间，我的一个学生，叫宋雨桂，派系斗争中被打成反革命，受了很多苦，连饭都吃不上，我就把他带到当时才12平方米的家里，让丁薇给他做面吃。那时候每户一个月只能买5个鸡蛋，这碗面里就给他放了两个鸡蛋，他吃饱了觉得特别感动。在这种情况下我请他吃饭其实是冒着受牵连的很大风险的，但我就觉得这是我的学生，就像我自己的孩子一样，我能竭尽所能地照顾他一点就是一点。宋雨桂现在是辽宁省美协主席，中央文史馆的馆员，他的主笔画《富春山居图》，是温家宝题词的。2010年，我在北京办画展时，他出席开幕式时特别动感情地说："假如我这一辈子把杭老师给忘了，我就不是人。"

姜 您不但在学业上要求学生很严格，生活上关心学生，还和学生一起互相切磋画技。

杭 我有一个学生叫杨为铭，"文革"期间，我们一起画宣传画，我就把这些宣传画当作政治任务很快就画完了。他却不把它当作政治任务，也不着急，一边画着画一边吹着口哨，特别有艺术追求。后来我们一起去体验生活，画海带姑娘，他画得特别饱满有表现力，比模特本人还美。我就仔细观察他的作品，并现场临摹，他觉得特别不好意思，觉得老师怎么可能去临摹学生的作品呢？

姜 您不认为这样有失老师的身份吗？

杭 没有,能者为师。他画得好,我就应该向他学习。

姜 从之前鲁艺的纯艺术教学,到理工学院的美术课,教学上有哪些转变?

杭 如果按照美术学院里面的那一套来教建筑系里面的美术基础课,肯定是走不通的。我在鲁艺上课的时候一个班10个学生,最多20个学生。有的学音乐专业的,两个老师带一个学生都有。美术学院走的是纯美术的路线,上一个单元要几十个课时,画一个大卫的头像要一个月,全面因素、立体感、结构都要准确。建筑系的学生4年时间只有一年半里有美术专业课,包括美术字、建筑效果图、素描石膏人物等,而且一个礼拜才上一次课,非常分散。从素描课、色彩课,到美术字、表现图,学生这方面的基础又不强。所以我决定改变之前的课程比例和方法,学生画了很短一段时间的结构形体造型以后,就不画铅笔素描,直接用钢笔,因为钢笔不能改,逼迫他们下笔肯定一点。此外,我把画房子的结构和建筑设计结构结合起来教学,最后集中一个多礼拜,进行建筑物的现场写生和名作临摹,这个效果比较明显。我们的学生一下子就冒尖了。

姜 打破常规教学,教材有变动吗?

杭 我自己编,国外先进的案例我都吸收过来,包括我儿子的有些作品我都让学生临摹。我鲁美的老同学许荣初教授到苏州,看了我教的建筑系学生画的速写后,他感叹说,这些建筑系学生画的速写比他们美术学院学生的都要强。这些早期毕业的学生,当时被我骂得都哭了,但现在对我都很感恩。我教过的1985、1986届建筑系毕业生,都说学的美术基础得益匪浅,终身受用。许多学生都成了单位的骨干力量,像泉州华侨大学的申晓辉现在是校长,江苏省建筑设计研究院的徐延峰现在是院长、总设计师,还有好多学生都很有出息。

姜 体现在教学上具体有什么变动?

杭 改变课程比例。比如风景速写,我不会让学生去画云、花花草草的,而是让他们画建筑结构,画苏州寒山寺的墙房子结构,训练学生的空间透视感。有一次,同济大学的老师带着学生来苏州写生,有一个学生看到寒山寺墙破了有几块砖头露出来,就一块一块画得很仔细。他们老师很赞赏他的作品,我当面指出老师在指导上有误区。画速写要有个主次,墙面砖块大概交代就可以了,主要描述墙和房子结构的联系和透视,后者才是重点。

姜 您既不照搬美术学院的那一套,也不沿袭建筑学院的那一套,独创了一套教育方法,取得的成就怎样?

杭 1989年全国建筑学院组织学生搞美术展览,我教的第一届、第二届的学生都参加了。第一名是清华大学,第二名是南开大学,第三名是苏州城建环保学院。我们是新参加比赛的学校,只能送选20张作品,老学校可以送选40张作品。结果,我们得奖的有4件作品,超过了同济大学获奖数量。

姜 您一共带了几届学生?

杭 我退休时都70岁了,学校一直不让我退休。

姜 现在建筑学院教学生和您那时候又有什么不一样吗?

杭 我退休以后,他们在继承我的一些教学方法上也做了一些改进。过去我们教色彩都是教水彩,因为水彩比较难不好改,后来改成水粉,水粉有覆盖性,可以涂涂改改。但同济大学、清华大学都坚持教水彩,现在基本上不画水彩了,好像都在电脑里面制作。

姜 电脑制作有何利弊?

杭 自己不动手就是拿来主义。真正的创作必须有写生的积累,才清楚中国元素和西方元素的区别。比如西方的公园都是对称的,花草都剪得很平;中国讲究更自然,以少胜多,假山重叠。现在过于强调电脑,学生的写生基本功不扎实。在国外,手绘的效果图要超过电脑做的十倍甚至百倍的价格。

姜 作为一个有着几十年教龄的艺术家,您觉得现在艺术学院普遍存在什么问题?

杭 有一段时间,一些艺术学院学生吊儿郎当、自由散漫到很严重的程度,老师和模特都到教室了,学生还没来到。因为要个性,学生随随便便想怎么画就怎么画,男的模特画成女的,女的画成男的,胖的画成瘦的,瘦的画成胖的,没有标准了。更有甚者,居然男生宿舍里面女生住在那里,女生宿舍里面男生住在那里,互相交换,一住一个礼拜,没人管。有的老师主张学生画模特不要画得像老师那样,有10个学生画就要有10个学生眼里不同的形象。这种主张我很同意,但是这样教学有困难,学生画出来最终还是老师画的样子,因为照着画还画不下来,学生还无法创新。艺术学院培养学生,首先要把眼里看到的东西能够画下来,有一套科学的抓比例、抓特点的方法,学生在还没有基础的情况下,你把他当画家来要求,再快也快不了。艺术也有艺术的科学,教学有教学的规律。教学就必须循序渐进,还没有学会走,你就让他跳,这是不行的。老师要求你画自己看到的样子,不要完全和参照物像,要有自己的独创,学生独创不好就只能抄老师的。齐白石说"学我者生,似我者死",没有一定的训练,你就要人家成熟,这不是耽误青春吗?

姜 您觉得艺术学院最首要的功能是什么?

杭 首先你要抓得住画的对象,自身能控制得住,一支军队没有司令员是不可能打胜仗的。学美术一定要有基本功,基本功要经过严格训练。现在有些人的观点是认为美术用不着基本功,更用不着训练。舞蹈是不是需要基本功,没有基本功你能跳出高水平、高难度的舞蹈吗?相声是不是要有基本功,说学逗唱。唱歌是不是需要基本功,首先要练声。同理,画画,首先要训练眼睛的观察能力,画一盆花就要画得像花,眼睛和手协调一致。有了这个最基本的能力之后,再进行自己的创作。现在一些艺术创作强调主观,你感觉是什么样你就画什么样,不用基本功了。美术学院的目的就是要进行严格的美术训练,让学生具备扎实的基本功之后,再去谈创作。所以,有基本功和没有基本功的人是截然不同的,没有基本功的人是瞎画,有基本功的人是根据自己的想法在基本功基础上再创作。

我强调童子功,你年轻的时候积累的本事会让你这一辈子都受用。有的人走业余的道路,走到一定程度知道要补以前没有的功课,但是各种各样的事情多了,时过境迁,已经没有机会让你再练习童子功了,所以我觉得童子功就是画画的基础。而艺术学校的学习就是为了打好童子功。

姜 您从沈阳到苏州之后,中间又去美国待了一段时间,当时是怎么想到去美国呢?

杭 去美国也是很偶然的,我们这里画水彩画的一位老师是苏州水彩画卖得最好的画家,他有一个客户在美国IBM公司工作,邀请他去美国。他觉得一个人去美国太孤单,希望我能陪他一起去。我很想到国外去看看了解一下国外的艺术创作,就和他一道去了美国。

姜 第一次出国,有没有遇到什么困难?

杭 困难不少。首先我们语言不过关,只会几句常用英语,这样只能与美籍华人交往。其次生活开支必须要有卖画收入,这就很有压力。

姜 您的艺术成就很快就获得了认可,后来有人愿意给您申请绿卡了。

杭 就是美国签证局的律师,他很喜欢我的画,我当时想让我老伴也出去看看,丁老师坚决不去,她认为申请绿卡没有必要,艺术家发展的天地在国内,事实也证明如此。

姜 回过头来看在美国待的这15个月,对您的艺术创作有什么影响?

杭 我当时水彩、油画、粉画都画,就想在美国有点影响,结果发现我们只在华人圈子里活动,接触不到美国画家群体,也就没有艺术交流的机会。有些中国画家去了美国,成为地摊画家,就在门口给人家画肖像赚点钱,这太没有意思了。中国画家在美国打拼前途并不光明,因为中国画家的文化背景都是中国的基础,在美国适应很难,美国人喜欢的东西我不一定喜欢,所以中国画家还应该在中国生根、发芽、开花、结果。

姜 那个时候您在美国有什么好的作品?

杭 那个时候没有什么好作品,就是为了能够销售出去。我所在的柏克莱是美国新潮流的发源地,每周都会举办新的画展。真正的艺术在美国没法生存,和法国不一样。

姜 在美国这段时间有没有结交一些朋友?

杭 朋友交了不少,他乡遇故知嘛。很多人都从不同的角度来评价我,有的说我这个人直截了当,叫我老顽童,有的认为我是大家子弟,商业意味不浓。还有些人画画水平不高,乱七八糟的,却千方百计找机会骗人去收藏他的作品,这些我都看不惯。

姜 丁老师说您是一个随心所欲的人,是一辆无轨电车,开到哪里就是哪里,这个话是形容您的性格吗?

杭 是,我喜欢自由自在没人管我,无轨电车的外号是我母亲起的。

姜 您觉得在美国自由吗?

杭 我在去鲁艺之前要受我祖父管,成家后要受丁老师管,到美国去就没有人管啦,不就自由了么!

姜 丁老师告诉我,您在美国朋友都叫您开口信封,就是你想到什么就会说什么,从来都不隐瞒自己的观点。也因为您的这个性格,交了不少惺惺相惜的朋友。您2000年在香港碰到杨振宁,于是,科学家和艺术家也成为了朋友。

杭 当时香港水彩研究会会长沈平举办个人水彩画展,他邀请中国美术家协会水彩艺委会去给他剪彩,艺委会委派我做代表前往。杨振宁是沈平的舅舅,也出席了当时的画展。当时,我一叫"杨振宁同志",底下人就笑,我一口一个同志,大家笑成一团。一般人在沈平的个人水彩画展上都会称赞沈平先生画得怎么怎么好,我却一张一张给他提意见,我说这幅画很好,但是这个地方怎么怎么的。后来,杨振宁对沈平说,杭老师讲话很实在,他很欣赏。我们就这样成了朋友。

2000年在香港,杭鸣时与杨振宁合影。

姜 您的这个直言仗义的性格在圈内有口皆碑。您在谈论作品的时候,眼里就只有作品,没有其他了。

杭 有些人纯粹把自己的作品吹得天花乱坠,高深莫测。我说我搞了一辈子画我都没看懂你的画,你高在什么地方呢?有些人说自己的东西很高深,下一辈子你才能看懂。那么深奥的作品,这辈子我是读不懂了。我认为艺术家和老百姓、创作者和受众都是平等的,作品就是给大家看,不是你懂了才能看。农民伯伯不种粮食你吃什么?你为了画画自己种粮食啊?如果画家的作品老百姓看不懂,你不为他们服务,却要享用工人、农民的劳动成果,你不是剥削劳动人民吗?

博采众长，雅俗共赏

姜 您现在的应酬多吗？

杭 一般每天家里会有很多客人过来，能推就推掉一些。要不我没时间画画。

姜 您每天自己留下来创作的时间有多长？

杭 每天保证三四个小时。我现在在家里临摹安格尔的《泉》。

姜 您为什么会选择临摹这幅作品？

杭 这是安格尔人体画里面最典型的一幅画，体现的是安格尔晚年理想的美。从中我可以学到很多东西。

姜 您认为安格尔晚年理想的美是什么呢？

杭 就是追求有境界的画面，无论是静还是动，都追求意境。

姜 您很喜欢安格尔的画？

杭 比较喜欢。他特别强调素描造型和内心的刻画。

姜 您的很多裸体人物是不是受了他的很多影响？

杭 多少有点。但是我觉得他有些理论有片面性，他对有些我很喜欢的画家持否定意见。比如，他对鲁本斯（荷兰的油画家）是否定的，但我喜欢鲁本斯的画，鲁本斯画的人物像唐代美人一样，特别肉感，有质感。当然，造型我觉得还可以美化一点。安格尔的线条画得特别美。

姜 您从鲁本斯的画中吸收的是什么呢？

杭 质地感。有个德国的画家叫门采尔，线条画得特别美，俄国的一些插图画，有特色的，新鲜的，我都特别喜欢。虽然我没机会去这些国家，但是鲁艺图书馆藏书特别丰富，这些资料我看了过目不忘，人家已经创造到这个高度，我就有了追求的目标。

杭鸣时书房一角。

姜　那您个人最满意的人体素描是哪一张?

杭　我没有最满意的素描。

姜　最喜欢的?

杭　最喜欢的就是我在浙江美院进修的时候画了一百多张素描,受德国的表现主义影响,线条流畅。拿到鲁美展览的时候,受到一致称赞,"文革"期间都让红卫兵抄家抄走了。

姜　您特别善于向他人学习,哪怕是您的学生,您也会很谦卑地放下架子。

杭　我的学生有些画粉画的,我看他们画得就比我好,我们互相学习,教学相长。他们在处理上比较含蓄,概括表现的东西都能画出来,他们有他们的悟性、聪明、巧妙。没有功力是画不出来的,虽然他们不一定比我有名气。所以我组织出版过一套色粉画技法书,尽量吸收这样有不同风格、不同功力的人,汇总在一起,让大家学习时,方方面面都能有所领悟。

姜　您最敬佩的画家有哪些?

杭　古今中外,我敬佩的画家太多了。就近点来说,上海有个很有名的国画家戴敦邦,他画过《红楼梦》《金瓶梅》等名著的插图,他自称是业余的匠人。我很敬佩他,他所有的东西我都很关注。还有中央美院国画系系主任叶浅予,他画的连环画《老王与小陈》,我父亲非常敬佩他画的线条。他和我父亲相识,我小的时候他还抱过我。有一次我去浙江富春江写生,看到他侄女,她说叶浅予是他叔叔,我就要求去她家拜访,见到叶浅予,他很热情,说我小时候他还抱过我。

姜 您的画在线条方面受到他的影响吗?

杭 没有。我就是这方面有缺陷,我速写画得太少。我儿子当年画的人体速写,我到现在还画不出来。

姜 那就是说您小时候,速写练习得少吗?

杭 练习得少。在用心方面还是有很大差距,我喜欢画得丰富一点,在创新性方面差一点,我不会表现,我始终认为这是我缺乏的。很多时候我的画是再现,就是照着画,缺乏表现。

姜 您主张艺术要兼容并蓄,所以您刚毕业时是杂家,尝试过许多画种。

杭 达·芬奇水彩、粉画、油画都画,所以他是文艺复兴"三杰"之一。我主张我儿子凡是中央工艺美院的课程都去学,越广泛越好。我是杂家,什么都弄一下,人生很短暂,只能做一点力所能及的事情。

姜 您平时会去学习哪些画家的长处?

杭 我不是学习一个两个画家的长处,我是看到谁有长处,都会去学,就是学生的画有长处我也会学。新中国成立以后,中国陶瓷书画艺术大师林正茂名气很大,大家都很佩服他,他把中国陶瓷里面的兰花等中国元素构图融合在画作中。但是我感觉他画的一些东西有些过于程式化。我认为画家应该什么都能画,我最佩服的就是要下功夫的历史大题材画,这方面我差距很大,因为这要收集、研究很多文史资料。我没有学问,也没有去下大功夫。我画的都是一些小品,大家喜欢的风景、

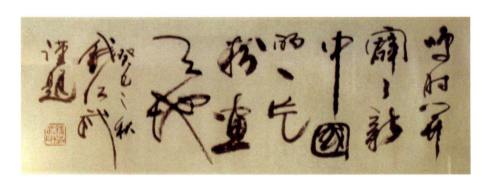

钱绍武题词:杭鸣时开辟了新中国的一片粉画天地。

静物、人体。

我很佩服一个叫冷军的超写实主义油画家,我认为他的功夫是很到位的,据说画一张画要一年,市场售价要几百万人民币。他作品的最大特点就是极端写实。在作画时他往往要逼近对象、扫描式地寻找、体会每个所需要的细节,局部深入,整体观照,力求画面充分,细节与整体效果完美统一,这也是我一直追寻的。

赵无极是抽象派大师,杭州美专毕业后旅居法国巴黎。他的抽象画颜色漂亮得很,气势大得不得了。他也曾迷惘过,认为中国绘画从16世纪起就失去了创造力,画家只会抄袭汉朝和宋朝创立的伟大传统,不再搞"中国玩意儿"。但是他到了巴黎后,开始重新认识中国,并不像过去那样否定传统。所以我觉得赵无极的抽象画真正有中国功夫,有思想。浙江美院的教授关良画京剧里的武松打虎,非常生动好玩,国外也很崇拜他。这些画家都有他们独到的地方。于是,很多人模仿他们作画,就像学齐白石画虾、徐悲鸿画马一样。有的画家用油画画戏剧人物,一个全身裸体的女性身后插四面旗子,像一名武将。后面一条线绑着四面旗子,颜色一会红一会绿,脸也画得很难看。这样的东西都是没有文化的,无法和关良、赵无极的水平去比。

姜 除了您自己广泛汲取、博采众长之外,在稚英画室的那段时光,李慕白和金雪尘对您有什么帮助呢?

杭 我绘画当中存在哪些问题他们都会当面给我指出来。李慕白画的人物非常细腻,越细腻、越深入,功力就要求越深。现在不提倡这么细腻了,我画得这么细我觉得还不到位,可我们美术圈里的却认为我画过头了,画过头了他们就认为俗气。中国画写意就是用笔潇洒,年轻人都追求个性、追求表现。我是属于再现,我看到的我就把它画出来,我是比较写实的。中国画的所有理论都是强调写意,强调画画当中情绪的流露,不讲究写实,中国画的人体都不是追求准确,根本不符合人体解剖结构。中国画有很多东西太程式化了,比如大家一画马就画徐悲鸿画马的样子,徐悲鸿有徐悲鸿的样子,你画就要有你的样子。我认为程式化地作画,张三、李四、王二麻子画出来的作品都一样,就没了画画的意义。我强调的是在像的基础上再提高。画画有一个基本功过硬的问题,第一层怎么画,第二层怎么画,第三层再怎么画,非常有条理,这个过程必须要很严格。

姜 很多人不重视技术,重视感觉。

杭 讲得好听是他的感觉,实际上他没有这个功夫,功力不够。像浙江美术学院

（即中国美术学院）退休的油画系系主任全山石这样的老一辈画家都强调要写实，基本功要扎实，然后一步一步走。

姜 大家现在更多的是追求写意的、浮躁的、表面的东西。

杭 写意与浮躁、表面不能画等号。真正的写意是要有功夫的。浮躁、表面正是没有功夫的表现。画画是个技术活。有些现代派诗人写新诗，也不讲究押韵、长短句，讲意识流，作者想到哪写到哪，虽然内在有些联系，但看起来稀里糊涂。真正的艺术，不管是写诗还是作画，那都是很辛苦的事情。我是比较一板一眼的，比较保守。

姜 和年轻的时候相比，您在创作风格上有没有什么改变？

杭 我现在画得比较轻松一点，不一定和年轻时一样追求都很到位。苏联的特点是全面因素，造型、色彩、体积感、色彩感、空间感、量感这些因素都要很到位。德国的表现主义就强调黑白关系和色彩关系。我现在的画，能够看出来追求的目标是写意的笔法，表现出来是写实的效果。我觉得粉画有这种表现力，通过自己实践再去创造一些新的东西出来，画得朦胧也行，画得特别结实也可以。

姜 您对您的海宁老乡王国维很推崇，他对您有哪些影响？

杭 王国维说的做学问要有三个境界，这个对我影响很大，我就追求这个。他的理论很辩证，很有说服力。有些人要颠覆过去，否定传统，但是王国维的审美观念作为我们的传统，今天看来依然健康，依然有价值。所以，有些迷茫的学生，我就让他们看王国维的书。

姜 他的这些观点跟艺术是相通的？

杭 对，所以他是国际性的，国外有些人对王国维评价也很高，来访问的多得不得了。

姜 具体到对您的艺术创作，有什么影响？

杭 影响就是走我自己的路，要有中国特色，不是跟着人家后面走。像我们美术学院版画系的学生，毕业创作，把刻木板的刀、石板、机器、刷子等这些使用的工具放在一起就是他的创作，美其名曰"装置艺术"。这样的创作还需要在美术学院学习4年吗？

姜 所以，您强调画画贵在平时善于捕捉。

杭 平时生活中就要善于去发现美，风景也好静物也好，一盆花你觉得好就画花，一个人你觉得好就画人。不可能脱离生活自己编，自己编呢，画出来的画就容易概念化。

姜　那怎么样才能有一双发现美的眼睛？

杭　那就是要有修养。要深入群众，要为群众谋福利，要想群众之所想。我总是会换位思考，假如老百姓不懂画，他看我的作品会喜欢吗？

姜　您觉得您这么长的创作道路上有没有遇到过特别大的遗憾？

杭　就是我儿子不在了的时候，周总理也走了，我很认真地画了一幅《周总理接见演员》的年画，参加全国美展，因为得罪了一个人他就把我这幅年画拿掉了，这幅画没能展出，我很不服气，这是比较遗憾的。

姜　您怎么看待现在流行的新文人画？

杭　画画要非常用心投入，不是用来玩的。现在很多人画画不仅是玩而是瞎玩。真正的玩是有道理、有学问的，就怕没有学问的瞎玩。有些新文人画不知新在哪里，既没有文化，也没有个性。他们笔下全中国，东南西北中的女性形象都是千篇一律一个样子。有位年轻作者，画出来的每一张脸都是一个模样，眼睛、嘴巴、鼻子、头发也都是雷同的。

姜　和对新文人画持否定态度一致，您对很多现代派艺术家是不是也持保留意见？

杭　国外有一个所谓现代派艺术家杜尚，他的代表作品叫《泉》，一个陶瓷的小便池扣在那里，小便就像泉水一样。而且这个小便池也不是他自己制作的，只是他从商店买来，签上自己的大名，并冠以《泉》的名字而已，展览的时候就成为他的作品。1917年，他把这件作品匿名送到美国独立艺术家展览方要求作为艺术品展出，成为现代艺术史上里程碑式的事件。他之所以把小便池命名为《泉》，除了它确实水淋淋的外表之外，也是对艺术大师们所画的《泉》的讽刺。2005年，凭着这个小便池，他打败了在现代艺术史上举足轻重的毕加索和马蒂斯，这一作品居然被全球500位重要的艺术界权威人士评为对艺术史影响最大的艺术作品。如果"小便池"是艺术，还有什么不是艺术？如果没有什么不是艺术，那就什么都是艺术。如果什么都是艺术，也就意味着什么都不是艺术。如果什么都不是艺术，那么，艺术也就只剩下了对艺术本身所发出的质疑和追问。

再比如，有人弄一个塑料瓶，把黄河的水运到国外，再把外国的水运到国内，这个水有的时候都臭了，这也是作品？这些我都觉得不是正道。毛泽东提出艺术为政治服务，为工农兵服务，在特定历史时期是有道理的。现在人们生活水平提高了,审美情趣多元了,大家都要享受美,艺术家的责任更重大了。我原来是全国评委时到处讲这个话,得罪很多人。

1989年,伴着中国美术馆里的两声枪响,"89现代艺术大展"和"85美术新潮"一起落幕。那个向着自己的装置作品《电话亭》开枪的中国美院学生,她把老干部的枪偷出来,在展览期间打两枪,拍下来照片就是她作品的影响,这不是在捣乱吗?我认为艺术要和国际接轨的提法就是错误的。艺术接什么轨啊。中华民族有自己的优良传统,你可以吸收外国的东西,人家搞这个,你也去搞这个,跟在人家屁股后面转,没出息。一部所谓的现代派电视作品,一个男的打女的耳光,女的打男的耳光,噼里啪啦打半天,这就是作品?这是什么审美?对人类有什么好处?对提高人民素质起什么作用?

姜 您前面提到受《艺术的阴谋》这本书影响很深,您和这本书的作者是朋友吗?

杭 我是读了这本书以后认识他的。中国有这样的理论家我很高兴,还有人能看清楚当代艺术。十年前,他特别吹捧现代派,在法国待了十几年,倾家荡产研究"现代派是美国文化侵略"这一课题。有很多人都跟着国外走,什么大地艺术、装置艺术,其中不少作品都跟艺术的本质脱离了。他却能从吹捧现代派到揭露现代派,写出《艺术的阴谋》这本书,我很欣赏他。

姜 您是一直旗帜鲜明坚持自己的观点?

杭 我是一直旗帜鲜明的,要不苏州人怎么认为我有匪气呢?(笑)现在提倡画家个性化,我就坚持我喜欢的,那也是我的个性嘛,不是吗?

姜 比如,您和水彩画家柳新生存在很多艺术见解上的分歧,有一次在黄山的全国水彩画百年论坛上,你们就有观点的争锋。当然,这并不妨碍你们是很要好的朋友。

杭 他主张不一定要强调客观存在,要强调主观表现的东西。我认为在没有掌握客观的基础上,主观的东西是很有限的。他没有经过美术学院的基础训练,要走另一条路也是可以理解的。他出道早,正好赶上提倡个性的时候,他的作品在国内外也很受欢迎。

我认为强调个性化没有错,但那些没有艺术底蕴做支撑的所谓个性化,是没有什么价值的。在没有掌握客观的基础上,主观的东西是很有限的。毕加索这么大名气没有人敢说他不是艺术大师,可是毕加索临死前说,我是利用了同时代人的无知,变成大师,我自己一个人的时候从来不认为自己是大师。

我觉得这倒就是真正的大师,他有自己的自知和自谦。

有一个很有影响的留学在国外的中国画家拿一张宣纸,用刷子刷一条水墨线,再画一条细的,这就是他的绘画语言。这样的绘画作品传达给观众什么价值呢?他自己也觉得这么画来画去,绘画就没有了。我认为画画要有激情,没有激情,艺术就会枯竭。

有些人说现在的人都没有文化,看不懂,下个世纪下下个世纪的人才能发现自己怎么怎么样。的确,凡·高活着的时候贫困潦倒,死了以后画突然变得很有价值。但是我觉得画画要接地气,要让老百姓看得懂,不管你怎么高明,艺术家不能高高在上。

姜 很多绘画作品都是阳春白雪,老百姓并不一定看得懂。可是,您的主张是让老百姓也能看懂的作品才是好作品。

杭 对。我是要从老百姓、画家看了都喜欢这个角度出发来作画,就是要做到雅俗共赏。我总觉得感动不了老百姓的作品,你再自我吹嘘也没用。所以我还是坚持走我的道路。

姜 您强调的是写意的手法画出写实的效果。

杭 对。他们就认为我是再现派,比如说我姨父李慕白画我母亲那张肖像,这个再现就包括了内心的表现。他的表现就一点点,这一点点就高出生活了,但是你不要"高出"太多。你的主观表现离开了客观对象的本质,那就离谱了,不像了。

姜 您觉得艺术是在生活的基础之上,源于生活高于生活。

杭 对。我痴迷绘画,既有传统,又喜欢新潮。在社会主义转型期也曾经迷惘过。但我认为艺术就是要为群众服务的,这是根本,是文艺工作者的使命。否则只能是自说自话,自以为是。和群众不相干的艺术是没有生命力的。我追求真、善、美,追求雅俗共赏。画家跟观众应该是平等的。画家有绘画技巧,在技艺上比一般老百姓高一筹,但是你不能高高在上,画家是为老百姓服务的。作为职业画家,我是希望有更多的人喜欢我的画,有了广大的读者、观众,我的工作才有意义。所以我力求我的作品能够贴近老百姓,能与老百姓沟通。我的作品绝对不是为了孤芳自赏,我也不大喜欢高深莫测、玄而又玄的理论。一幅作品,如果老百姓连看都看不懂,怎能引起共鸣呢?当今美术界也有什么"观念艺术""行为艺术",我没去研究过,也很不理解。如果在舞台上表演的小品、曲艺节目都是老百姓看不懂、听不懂的,这会是什么样的效果?所以,我要画老百姓看得懂的,画我自己感动的、认为美好的东西奉献给大家。

姜 所以,您的作品总是让普通百姓都能从中找到共鸣。

杭 是的。我欣赏白居易的诗,因为它通俗易懂,能引起我许多美好的共鸣。虽然诗人和我们相隔久远,但每每读他的诗篇,总能从中领略到他那个时代人民的生活,感受到他的胸怀,享受诗歌韵律的美感。正因为他的诗歌朗朗上口,通俗易懂,才能妇孺皆知,广为流传。发于心,出于手,坦诚面对观众,心与画是统一的。画的风格没有新与旧、高与低可言,具象与抽象、写实与写意各有千秋,关键在于作者对待艺术是否真诚,对待人民是否平等。

绘画所提供给观众的只是一个静止的视觉形象,这比起文学、电影有很大局限性。我觉得我们画家对于生活的探索深度是远远不如文学家的,所以在有限的平面空间中,到底能给观众一些什么,是一个很值得好好思考的问题。我努力去追求能给人们带去一点愉悦,一点赏心悦目的美的享受。不想让人在我的画面中感觉到丑陋、痛苦和凄凉。

现在提倡文化多元、艺术多样。我毕生追求的就是雅俗共赏和真善美,用写意的手法画出写实的效果。群众喜闻乐见,我就开心了,仅此而已。随着年龄的增长,在艺术上我会继续去求索,还有可能会有所长进。但我追求雅俗共赏、为老百姓画画这条艺术道路是永远不变的。

他人看他

丁薇[1]：他的世界里只有粉画

姜 您和杭老师是鲁艺同届同学，从大学谈恋爱到走入婚姻，牵手至今，令人艳羡。读书的时候，您俩都是学校的风云人物，是怎么走到一起的？

丁 那时候鸣时专业课成绩在年级里特别拔尖，我是学生会主席。虽然我们不在一个班，但是学校组织活动我都会找他做海报宣传。因为我们都是上海人，每次寒暑假我们都一起回家，接触多了彼此感觉都挺好就谈恋爱了。我俩都是1955年毕业的，毕业的时候他留校了在沈阳。我们当时是提前一年毕业，有一个四年级的同学原来分配在哈尔滨毛织厂，但是因为和他女朋友未婚先孕被学校发现以后，学校取消了这个分配指标，让我顶替这个同学到哈尔滨去了。头三年我一直在哈尔滨，鸣时在沈阳。1958年我们结婚后我才调回沈阳。

姜 丁老师您大学毕业后的个人经历是怎样的？

丁 我的工作岗位更换比较频繁，从哈尔滨毛织厂当技术员，到辽宁省工艺美术研究所设计室当主任，又到沈阳市工艺美术研究所当设计室主任，后来调去负责新筹建装潢设计公司，再到沈阳市工艺美术文教用品工业公司宣传科、党委（当秘书）、技术科（任科长），最后1985年到苏州科技学院任教。因为此前没有做过教学工作，美术教研室让我教平面构成，这是我们以前没有学过的。我做了大量准备工作。好在我在鲁艺学的是工艺美术设计，和平面构成当然有些相通。上课前我到学生中进行调查，了解他们对这门新学科的想法，并先给年轻教师上课，因为他们在校也没有上过这门课，从中培养我的助教，还根据学生反馈意见改进教学

---

[1] 丁薇，杭鸣时的妻子。高级工艺美术师，中国美术家协会会员。

方法。结果这门课程受到了同学们的欢迎,我也获得了"教书育人先进教师"的称号。

姜 "文化大革命"时期,杭老师没有被批斗过,一直坚持创作,可是您却被关过黑房子,当时是什么原因?

丁 我和杭鸣时结婚后,从哈尔滨调到沈阳,在辽宁省工艺美术研究所当设计室主任。后来中央有个精神,省会城市不能有两级研究所,既有省里的研究所,又有市里的研究所。沈阳是省会城市,就撤销了省里的工艺美术研究所,在市二轻局新成立了一个小商品研究所,把我们工艺美术研究所也放在那个研究所里头,成为工艺美术研究室。我们原班人马到工艺美术研究室上班后,沈阳要成立一个装潢设计公司,把我调去当负责人筹备这个公司。

当时正好有个古旧书店有一批外国画报,对成立装潢公司很有参考价值。我就向局里申请了700块钱经费,把那些资料全都买过来了。有了图书资料,我就开始要求进人。正好鲁艺以无组织、无纪律的错误开除了7个没有请假到北京去看苏联油画展的学生,而且这几个学生业务能力还挺强,画都画得很好,我就招了其中的两个人到我们公司来工作。可这两人家庭出身不好,一个父亲是伪满时期哈尔滨警察局长被镇压了,另一个家里面是大地主。这两件事就构成了"崇洋媚外,贩卖封资修黑货;阶级路线不清,重用坏人"两条罪状,我被专政关进黑房子。

我是1956年入党的老党员,又是单位负责人,平时挺关心我们公司的困难职工。其中有一个职工家庭条件很差,家里住的房子,就像我们现在修马路以后马路垫高了,他的房子在马路下面。一下大雨马路上的水都流到他家里去了,家里就泡在水里了。恰巧他老婆生孩子,还在月子里头,我就买了营养品去看望她。"文化大革命"时把我批作用小恩小惠争夺青年的"美女蛇"。以上这些就是对我实行无产阶级专政的理由。

其实,我国最早生产的第一台压力锅就是沈阳的双喜牌压力锅。追根溯源,这得益于我当时在古旧书店购买的一批英国、法国、美国的杂志。我们沈阳市的小商品研究所就是研究小商品新产品的,他们的技术人员就到我们装潢设计公司来翻看我们的资料,翻阅到我购买的那批资料当中,有介绍美国生产压力锅的资料,他们就根据这个资料,利用沈阳飞机厂最好的铝材,制造了双喜牌压力锅,在全国一炮打响。但是,正是购买了这样一批做出巨大贡献的外国画报却成为我被专政的最大"罪状"。

我被专政就等于没有人身自由了,关在没有窗户的黑屋子里头,在水泥地上放一块门板,我睡了一个多月,白天写检讨,晚上挨批斗。后来因为我被关的那栋大楼是在市政府的广场旁,国庆节红卫兵要搞检阅庆祝活动,要清理整顿场地,我们这些被专政的人就不能待在楼里,就被弄回家了。我被"专政"期间红卫兵是24小时轮流值班站岗的,待遇还挺高。其中有个姓安的小女孩,我们都叫她小安子,她是我招聘进来的学员。我被"专政"的时候,她也到门口来站岗,那时候为了表现革命,就把我的毛巾都泼上墨水。

1986年小安子到苏州来出差,给我打了电话,我当时正好在睡午觉。出乎意料地接到小安子的电话,很高兴,就问她在哪里,她说在第一百货公司楼上的一家广告公司。当时我们城建环保学院门口一片农田,也没有公交车,要走到寒山寺边上才有一个6路公交车,晚上5点停运。我立刻坐了6路公交车去找她。我们聊得很欢,对于那个特殊年代这些年轻人对我做的荒唐事我早已经释然。临分手时,她已经走了几步又回过头跑过来,在我脸上亲吻了一下,然后眼泪哗哗地流下来就走了。这个镜头我记忆特别深,我很想把这一段写下来,但是我一直没写,她这一吻让我特别感动。我对这小女孩一点都不记仇,一切都是那个时代造成的。

2013年辽宁美术出版社的编辑姚殿科应杭老师的邀请来参加粉画展览后,2014年他组织几个人过来向杭老师学粉画并写生。其中有一个人叫王大邦,当时我被"专政"的时候,他整过我。这次来之前他特意给我们写了一封信,生怕来了以后会尴尬。其实时间过去那么久远,我对他们不会再有任何怨恨,后来我们见面了,一切都已经云淡风轻。

姜 对于您和杭老师来说,那是人生当中最暗无天日的一段岁月。

丁 平白无故被整,我那时候心情当然挺压抑。但是我的思想很单纯,我觉得自己是一个共产党员就得挺过去,这点专政挨批斗算什么呢,赵一曼烈士受过多少酷刑都坚持不出卖党,我也得坚持,我就这么鼓励自己。我一开始在木工车间劳动,后来又去生产霓虹灯的车间劳动,霓虹灯车间需要用煤气喷枪,玻璃管烧热了弯成各种各样的字。冬天的时候窗户门都关着,煤气喷枪的房间又很小。有一次,我煤气中毒了,脑袋疼得要命,幸亏后来下班了,走在马路上接触了新鲜空气总算没死掉,但是人就特别没有力气。第二天我照样去上班,就这样坚持挺过去的。

姜 您和杭老师互相鼓励,终于挺过了那段时日。可是命运多舛,您俩最优秀的儿子大播却因病早早离开了你们。大播逝世后,您二老是怎么走过那段最难过的日子的?

丁 我们在北京办完大播的后事,把他的骨灰带回了沈阳。说来奇怪,回到沈阳的家,我发现在厨房外头北面阳台有一只受伤的鸽子,我就天天喂它食物,喂养了一个多礼拜它就飞走了。1985年,我们从沈阳调来苏州,学校分给我们一套宿舍。我们住下来后,在厨房窗户外头也飞来一只鸽子,待了几天然后飞走了。我一直想,大播惦记我们,变成一只鸽子陪着我们搬迁。否则,怎么会这么巧合呢? 当时,我们两个到底落在什么地方,始终定不下来,所以不知道该把大播放到哪去。我们不愿意让大播孤零零一个人,我们舍不得,所以就一直把大播的骨灰盒放在家里。世界上有多少母亲因为一次战争就突然失去了自己的孩子。失子之痛,有多少母亲都经历过这样的事情,别人能挺过来我怎么就不行呢? 有一次沈阳鲁美的一个老师来苏州看我们,他一看到我们就说,原来以为丁薇会像祥林嫂一样,没想到我们精神状态这么饱满。大播刚走的那一年,杭鸣时拿不起画笔,很长时间没有创作。大播走了,但是我和杭鸣时的生活还要继续,我们还有很多事要做,不能就此消沉下去,我们就是这么想的。如果没有粉画事业,我们也不可能有现在的精神状态。

姜 大播那么优秀,结合了您俩所有的优点。

丁 从生理上讲儿子身上继承父亲的东西是三分之一,继承母亲的东西是三分之二。大播有条理是继承我们家的,不像杭鸣时,他是最没有条理的。

姜 我在大播那本书里读到您写给儿子的信,特别让人感动。

丁 我就是想跟我儿子说话,我就写下来。也没有说我要把这几封信写成散文,没有这种想法,只是真情流露。你要真叫我写几篇文章我不见得能写好。有一封信写到,本来是想把他的军大衣拿出去洗洗,结果闻到他的气息了以后,我们两个人抱着衣服痛哭,最后决定这件衣服不洗了,要把大播穿过的气息留着。就是这样的真实记录。

第一封信(节选)

大播,我亲爱的儿子:

你远远地离开我们已经101天了,记得七月二十二日晚上,我和你爸爸守在你的病床前,你的体温在39℃以上,睡梦中你说:"要走这么远,几万里,我走不动……哦!我走不动……"

大播,我的孩子!这101天你走了多少路?现在你在哪里?在我们国家里,花八分钱的邮票,一封信寄到哪儿都可以。就是寄到国外,只要是这个地球上,那么贴上八角钱也是可以寄到的。可是要给你写信,即使把我们所有的家产都变成邮资,也不能把我们的信寄到你的手里,更不能见到你那被老师称为"天书"般字迹的来信了。

前几天,我本想把你的棉大衣拿到洗染店洗一洗。可当我捧起这件大衣时,闻到了你身上的那种熟悉的气味。我好想抱住了你似的,把它吻了又吻。我对你爸爸说:"这里还有大播身上的气息!"你爸爸忙问:"在哪儿?在哪儿?"当看见我正泪流满面亲吻着你的大衣时,爸爸也过来搂住大衣。我们俩抱着你的大衣,犹如拥抱着你一样,老泪纵横。泪水滴在大衣上,留下一个个小小的水迹……我改变了拿去洗的念头。我们舍不得你留下的气息,舍不得洗去你工作、生活的痕迹呀……

昨晚鲁沈拿来了两封你写给他的信。你在信中对他说:"生活刚刚开始,还有几十年的道路要走。"可你自己刚迈出人生的第一步,就再也不能……妈妈无力挽回你可贵的生命,是多么的内疚,痛惜和悔恨啊!

望你在远离我们的地方保重自己!

妈妈
1983年11月14日沈阳

第二封信(节选)

大播,我的爱儿:

多少天来我一直想把要和你说的话写下来,可一直人来人往,没有时间坐下来。过来的那几天,我总想陪你吃顿年饭。往年多热闹呀!你总给我们娓娓动听地讲述各种有趣的事。可如今我虽然炒了这么多的菜,但只是我和你爸爸相对闷坐。不过,我可以告诉你,前年你栽下的香水兰,第一次开放了。窗台上的几盆花草也长得比往年茂盛。我把它们看作是你的化身,看作你还在发芽、壮大,你还在生气勃勃地伴随在我们身边。

大播啊!你留下的遗作,许多叔叔、阿姨看了都赞叹不已,可是妈妈对你的了解也可以说是看了这些遗作、遗物后才比较全面的。可见过去我们对你是多么不关心啊!原想等我退休了,将来你有了孩子,我再来补偿欠下你的母爱,可是现在却只能是件终身的憾事了。

屈指数一数,今天是你离别我们二百天的日子。有人说日子越长对你的怀念就越淡漠。这只是别人的劝慰,对当事者来说,我深信这是做不到的。相反随着年龄的增长,生活的路途会使我们对你的存在越感需要,因此也就越发想念你……

……

望你好好照料自己!

妈妈
1984 年 2 月 21 日沈阳

第三封信(节选)

播儿：

自你离开我们以后，每当妈妈想和你谈些什么的时候，可这永远不可能再向你诉说的现实，使我不得不写下了一封封无法投寄给你的信。我想用这种方式继续交流母子之情，直到我不能再提笔为止……

三年前的今天，中午12时25分，你在北京朝阳医院的病房里，那颗跳动了二十三年的心脏终于停下了……今天，妈妈带着忏悔和补偿的心情，做上这几个菜，加上你平时最喜欢吃得带鱼，来和你共进一次午餐。

这里，带鱼不是天天有卖的。怕买不到，妈妈起了两个大早，总算买来了。我就像以往寒暑假时等候你回来的心情一样，按你平时喜欢吃得做法，忙着把饭菜弄好，当我把饭菜端到桌上的时候，凑巧正好是12是25分。妈妈像往日那样把带鱼的中断夹到你的饭碗里，把豆腐汤，放在你的饭碗边。我自己也端起饭碗，有一种确实在和你一起进餐时的那种快慰闪过心头，可是一瞬间这种感情全然不存在了。我凝视着你的饭碗，鱼还是平平正正地放着，饭还是颗粒不动地冒着热气，筷子、碟子依旧是静静地贴着桌面。此时泪花已经模糊了我的眼睛……播儿！你在哪里？你怎么还不回来?！我几乎要叫出声来，可理智又使我控制了自己。虽然这样，一种强烈地想要见到你的思绪迫使我神经质到处寻找你。没有！没有！哪儿也没有你！最后，妈妈这双颤抖的手打开了平时不愿去打开的柜门，捧出了一只骨灰盒。原来身材魁梧，仪表堂堂的儿子，而今却变成了我怀里这几块轻轻的白骨。我还像怀抱着婴儿时的你那样，轻轻地抚摩着；我还像按摩着病中的你那样，深情地按摩着……播儿，你可知道，此刻妈妈反倒没有了眼泪，我搂紧你的骨灰盒，呆呆地望着天边，似乎在蓝天的尽头还可能觅到你……

……

大播，亲爱的儿子：什么时候回来看看妈妈吧！祝你在遥远的天边一切平安！

妈妈
1986年8月4日苏州

第四封信(节选)

大播,我的儿子:

今天是教师节。这个节日对妈妈来说,过去是无份的。去年5月我们从沈阳调来苏州城建环保学院,妈妈当上了教师,才有了今天这个自己的节日。下午,学院召开了庆祝大会,学生们以朗诵、歌舞等节目向老师表示了祝贺。他们把老师比作春蚕,比作蜡烛,比作园丁,许多美好的祝愿都献给了培育他们的老师。啊!教师确实是个崇高的职业。

当我从会场出来,在姗姗回家的人群中,我看到和你同龄的年轻教师们,不禁使我想起了你,如果今天你还在人间,那么你一定仍在中央美术学院年轻教师的行列中,依然默默地、顽强地用思维和实践编织着你事业的花环。可是现在,一切都已成为往事……

……

你走了。你的消失,在成千上万人的教师队伍中,犹如少了一粒砂,一棵草,从数量说确实算不了什么。但是,你的罗无逸老师说:"我从1956年教大学到现在,最喜欢的学生只有两个人,其中之一就是大播。"你的何镇强老师,在看了你的遗作展之后,奋笔疾书写下了"艺海之憾"四个大字。你的潘昌侯老师声泪俱下的悼词,发出了心底深处的慨叹。追悼会上人们串珠般的泪水和闪光的沉痛语言,都足以说明你存在的价值。我想,玫瑰不需要别人喷洒香水,珍珠也无须涂抹银光。人的价值是他自身言行的总和,绝不能靠职务、身份甚至门第和父辈的地位来提高。你走得这么匆忙,你在这人间仅仅逗留了二十三个春秋,可你却得到了你的老师们、同学们给予你的极为不平凡的评价,这就是你短促人生的价值!

教师节,这就是你应该享有的节日,你却不能来了。这使我想到了以上这一切。再见吧!儿子。总有一天我们在相会!

遥祝你节日好!

妈妈
1986年9月10日苏州

第五封信（节选）

我亲爱的儿子，大播：人们又在忙着买年货，打扫卫生，迎接阖家欢聚的大年三十。以往，这也是我们共享天伦之时，可现在留给我们的是苦味，是对他人的羡慕。今年，你的外婆都已是八十高龄的寿星了。我既调来苏州，过年自然应该回去看看他们。但我实在也怕回去。你知道他们一看见我总免不了要问起你，不仅是他们，就是外婆家的邻居们也是那么的惦念着你。外公外婆不是说起你小时候在外婆家有多么乖，就是说起你上大学后几次出差来沪看完他们时又是多么懂事。他们还在妈妈编造的你已出国的骗局中，夸耀你的前途无量。细心的外婆还叮嘱我：大播已快二十六周岁了，你们也得为他的婚事做些准备。邻居的阿婆们见到妈妈也总要问问大播什么时候再来上海？大播往常有信来伐？关心、询问的目光盯得我喉头哽咽，眼泪湿润，每次遇到这种情况，妈妈只能情急生智，不是谎称有事赶紧出门，就是钻进卫生间佯装洗一把脸，把涌出来的眼泪掩盖住……

……

此刻，爆竹声已稀稀落落，阖家欢的碰杯声也早已结束。窗前的田野一片漆黑，远处农舍的点点灯光，像宝石嵌在黑色理石上，画面是那样的肃穆、庄重。妈妈的眼前像演电影一样，看到你蹒跚步行的稚态，听到你温存文雅的生硬，想到你能撬开锁住心灵的幽默，怀念你用短暂的青春留给我们的一页页闪光的篇章。儿子，妈妈想要和你说的话，真是说不尽；妈妈想要和你写的信，永远写不完。纸短情长，今晚就先在此次停笔吧！

愿你在新的地方也能过上一个愉快的春节。祝你新春好！

妈妈
1987年1月除夕之夜

姜 您俩从痛失爱子的阴影中走出来,依然这么乐观豁达,从内心敬佩二老。我也知道,杭老师从小比较受宠爱,他在生活上是一个什么样的人呢?

丁 他生活上是特别随意的一个人,可以说是自由散漫。以前在沈阳的时候,他那些优越的少爷生活痕迹没怎么流露。他在上海理发都找比较好的理发店,我们在沈阳都是找的门口挑担子的,用一个刮刀,他一看那么脏,就跑到沈阳火车站楼上比较好的理发店去理发。当时我们一个班级里头每周都要开生活检讨会,自己要检讨自己哪里做得不好,同学之间也要互相批评。他每到外面理一次发,就要被同学批评好长时间。所以在这种气氛下,包括后来去乡下劳改农场,他都是没有办法把少爷习性流露出来,因为只要刚刚一露头别人就会批判他资产阶级思想。

姜 呵呵,受环境胁迫不得不收敛。

丁 对,那时候要求脱胎换骨地改造嘛。现在的生活当中,他这些痕迹就慢慢显露出来了。举一个小例子,他洗完脸从来不会把洗脸池下面的塞子拿掉,放掉水,把洗脸池洗干净这些事情更没有做过。他洗完脸就走,你给他提一百次他也还是这个样子。他要换洗的袜子从来不会放到洗衣袜的地方,脱在哪里就放到哪里,你叫他改他也不会改。因为他从小就习惯有一个小保姆,跟在他后面给他收拾东西,所以他以前的这些习性现在都会流露出来。吃饭最好天天给他换花样,有喜欢吃的菜他饭就吃得多一点,今天的菜不对胃口吃两口就不吃了,像小孩一样,随心所欲。

姜 您计较他吗?

丁 我不跟他争。我妹妹就说我把他惯得像一个小孩子一样。以前,做好的菜放在那里他喜欢吃,吃完了,他都想不到你一点都没吃。现在他快吃完了,会说你也吃一点。他就是自己喜欢吃就不顾别人的少爷脾气。有一次,他跟他姨父李慕白一起在家里吃饭,他喜欢吃新鲜蚕豆,李慕白喜欢喝点黄酒。还没吃饭他就先吃蚕豆,吃到快吃完了,才想起来对姨父说你也吃一点。李慕白也挺幽默的,数了数,说还剩6粒半蚕豆。

姜 您对杭老师抽烟实行管控,可是杭老师说他不抽烟就没有灵感。杭老师从什么时候开始抽烟的?

丁 抽烟是接受贫下中农再教育的结果,他以前是不抽烟的。下放到农村去的时候,很辛苦,每天起早就要干活,吃晚饭以后,大队里面都要开会。而且农村干部讲话又不简练,来来回回地讲,讲得他们都犯困,但是那时候干部讲话你不听是要挨批判的，老乡爱护他，让他抽支烟醒一醒。那时候东北叫蛤蟆烟，就是烟叶拿报纸卷一卷，拿口水粘上给你一支，他就是这么抽上的烟。那个时候什么都要凭票供应，你会抽烟就给你票，你不会抽烟就不给烟票，因为他抽烟，每月给他4张烟票，这4张烟票他舍不得放弃，就抽上了。

姜 作为一个艺术家，杭老师在生活中是一个浪漫的人吗？

丁 他也不浪漫，就是一个随心所欲的人，他想干什么让他去干什么就好了。其实我们还真没浪漫的时候，赶上那个年代，我们谈恋爱的时候在学校还不许公开，不能公开，你怎么浪漫？毕业以后我到哈尔滨去了，他就在沈阳，他暑假、寒假都跑去看看我，我还要上班，没有暑假、寒假，请不出假到沈阳去。后来调回沈阳，整天搞运动，一个接着一个。搞运动的时候都很严肃，假如说你们两个上街手拉手，人家会批判你们资产阶级作风。所以那个年代你想浪漫也浪漫不起来，整个氛围就是你有点动作就说你小资产阶级情调，明天开生活会批判你，你还得自我检讨。

姜 您内心应该是比较有小资情调的。

丁 我从上海去沈阳，那时候就是自己买好看的布自己做裙子，就因为穿过裙子，"文化大革命"时就批判我是资产阶级小姐，你说这有什么罪过，要上纲上线地批判。在那个年代，你想两个人出去看电影都不行，要看就是一个班级拉个队伍全部去看，你们都不会理解那个年代，因为那个年代不许你浪漫。

姜 您觉得杭老师是一位好丈夫吗？

丁 杭鸣时在生活上是一个拙手笨脚的人，在家里是甩手掌柜，什么都不管的，他的世界里就只有粉画。在生活上他肯定不是好丈夫，但他绝对是好父亲、好老师、好画家。

姜 杭老师对画画之外的事情感兴趣吗？

丁 他是个爱尝试新鲜东西的人。只要是和艺术相关联的，他都有兴趣学习。举个例子：有一年，建设部要设计奖品，杭鸣时设计了一个"俯首甘为孺子牛"寓意的挂盘。那挂盘每个都得拿釉来画，画完了还得烧，学院委派他去烧陶瓷挂盘，他一个人来不及，我就帮他一起去做，这样我们就接触到陶瓷挂盘是怎么烧的。陶瓷挂盘设计好后还得拿釉彩来画，这种釉你看不出是什么颜色，跟泥土似的，你看着像黄泥浆似的，烧出来可能是绿颜色，那个土里吧唧的可能烧出来是蓝颜色。我们就得很虚心地请教老师傅，否则你画在上面不知道烧出来会是什么颜色，虽然工作很累，每天都弄得浑身是泥，但杭老师和我都为学到了一门新手艺乐在其中。

姜 我看过杭老师和您伉俪展上您的粉画作品，很受震撼。您画粉画是受杭老师的影响吗？

丁 我画第一张、第二张粉画的时候他都不在，但是他平时画的时候我也去看看。我去看的时候，从来没想过自己能画，因为我是学工艺美术设计的，对绘画我没有自信。也是很偶然的，2000年他在苏州职教中心办粉画培训班，早出晚归，家里就我一个人，看着家里的粉画笔、粉画纸，我就想这玩意儿我能不能画，我就拿来试试。下班回来，他说这是谁画的啊，画得不错啊。这样我就决定画了。在画粉画风景之前我也画过粉画的花卉，那是1985年我们调到城建环保学院，全院都觉得我们美术教研室的力量特别强，学校就要我们美术教研室每个人交10张画在全校搞一次画展。结果他们搞绘画的老师本来都有画，我以前是搞设计的，我没有画，每个老师要交10张画，就逼得我拿粉笔来画花卉，我还做了两张布贴画，结果一展出大家反映挺好的，大家挺喜欢我的花卉，但是这10张画弄完以后我就再也没有画过画。

我是70岁开始画粉画风景的。2000年，杭鸣时去办粉画研修班了，我就在家里尝试画风景，鸣时看到后给了我肯定，也会提些意见。我就利用他不在家的空隙画了几张。有一次，水彩艺委会的朋友到我家来，看到我的画，他们说杭鸣时的画有进步嘛，杭鸣时说："这不是我画的，这是我老婆画的。"柳新生就说："丁老师你应该画画，会做饭的女同志多的是，能画成你这样的女同志不多啊。"这对我鼓励很大，我就有信心了，那我就画吧。我当时画了几张以后，正好碰上全国第六届水彩粉画展，我就选了一张《欲晓》去参加，结果还得了一个优秀奖，大家反响很好，而且这次展览上还要选出几幅画到瑞典、意大利去搞一个中国书画展览，把我这幅画也选进去了，这样我就更有自信了。可惜我只能乘他不在家的时候画，他一回来我就进厨房当马大嫂了，所以我画得太少。

有一次我画了一幅《千年胡杨》，我画完了在家里摆着。他出差回来，一进门看到这幅画就说，"你这棵胡杨树我真画不出来"。2005年，在海宁博物馆搞了一次杭氏作品展览，有杭鸣时的父亲、杭鸣时、杭大播还有我的画，浙江省委宣传部副部长高尔颐看后说，丁老师有的风景比杭老师画得还好。他建议我俩到中国美院去搞画展，美院的学生对我的画也很喜欢，他们说假如没有见到我，他们不会相信这些画是一位70多岁的老太太画的。其实那个时候我也才画了20多张画。

姜　您现在一共有多少作品了,大家反响怎样?

丁　30多张。后来我们两个搞伉俪粉画展的时候,中国美院有个教授来参观后对我说,丁老师你是有油画基础的,中景、远景关系处理得特别好,还讲了油画怎么处理中景、远景的道理。我跟那老师说,我根本没有画过油画,您说的这些油画道理我还真不懂,我以前是学工艺美术设计的,我画画只是凭感觉,我自己觉得好看我就这么画。杭鸣时就觉得我对色彩特别敏感,钱绍武老师和一些同行都说我色彩感好。

姜　您对杭老师在艺术创作上有哪些建议和提醒?

丁　他有激情想画的时候半夜起来也画,有时候夏天天亮得比较早,4点多他就起来画,有时候叫他吃饭他没画完他就不吃,因为画画是有激情的,所以我就不打扰

杭鸣时粉画作品《问》。

杭鸣时粉画作品《游园惊梦》。

他。我对他的帮助，就是给他腾出很多时间。

其次，在艺术创作上，我说你能不能下点功夫，动点脑子画一点有深度的东西。但是画如其人，他自己就是一个高高兴兴、快快乐乐的人，他不喜欢去思考有深度的问题，所以他没法画出来有深度的画，他不爱考虑问题。他说你不能要求每个画家去画重大题材，每个人有不同的特点，适合画不同题材的东西。他父亲对他的影响很大，他说创作群众喜闻乐见的作品就可以。他画画的过程中，我也提意见，有的他接受，有的他就不同意。他的作品很多名字是我帮他起的，比如《工业的粮仓》《共饮美酒庆回归》。有时候画面处理，他掌握布局，抓大的关系，入细的部分不想画就叫我来画。比如《问》这一张，草席的部分，比较虚的部分是我画的。《游园惊梦》挂下来的藤萝，也是我帮他完成的。以前我不敢画他的画，怕给他画坏了，现在我画得多了，也敢动他的画了。

姜 您和杭老师的作品有哪些不一样的地方？

丁 画如其人，我们俩的画就不一样。他的画比我成熟、老练，基本功比我好。我是搞工艺美术设计出身的，后来受到他的鼓励才画画。我每次画画有自己的想法，在心里面有个草稿。但是他画画好像就信手拈来。

姜 杭老师对您画画有哪些帮助呢？

丁 我有时候画得卡壳了，处理不好了，他就给我建议。他有时候要帮我改，我就不让他帮我改，我觉得他画的跟我想的不一样。

姜 您为杭老师默默牺牲了很多，没有时间从事自己的专业，您有没有遗憾呢？

丁 我们那个时候有个口号叫"党叫干啥就干啥"，那时候根本没有时间搞创作画画，现在退休了反而可以画画，而且还可以参加全国美协。我没有想成名成家的思想，只要我的画朋友喜欢，被大家认可，我就觉得挺好。现在越来越证明好多事情如果我不帮他，他确实没办法干，他现在把粉画的担子挑起来了，我就是一心协助他，我自己没有更多时间画画，也不可能成为画家，我始终跟人家说我是业余的。但是我觉得我帮他干的这些工作也是有意义的，就是辅助他完成促进中国粉画繁荣的心愿。

姜 现在市场上有代理销售杭老师的画吗？

丁 杭老师的画一直没拿到市场上去销售，虽然也有拍卖行发信过来邀请，但我们都没有拿出去。以前，苏州市美协为抗震救灾义卖，杭老师也参与了义卖，和许多画家捐的画一起，以堆为单位，每一堆多少钱，这算是他的首度作品销售。很多年以前,一个朋友开拍卖行,在苏州拍卖了他的一张人体画,价款为一万五千元。中国国际文化交流中心上海总部在2013年举办过杭鸣时精品粉画展,边展览边销售。杭鸣时拿了30张小画,大概卖了有十几张画。此外,杭鸣时的画没有在其他画廊里面销售。

柳新生[1]：只要能传播粉画，他什么都在所不辞

姜　您印象当中杭老师是怎样一个人？

柳　杭先生是中国美协水彩画艺委会分管粉画的副主任，我们开玩笑都叫他"粉头"。中国古典文学里对妓女的雅称就是"粉头"，妓女要把头扑得很粉。他就是教粉画的头。30年前大家就叫他老顽童，他从来不端着艺术家的架子。我从来没看到有哪个画家像他这么谦和认真，我们在交谈当中他会用心做记录，又谦虚又随和，没脾气，所以大家都喜欢他。

姜　您跟杭老师是怎么认识的？

柳　我20多岁的时候，在一本美术杂志上发现一幅杭老师的水彩画《工业的粮仓》，画露天的大工业场面，气势雄伟。因为我工作的地方叫作铜陵市，铜陵市有个铜矿，也是那种露天的大工业场面。这幅画让我立马有一种身临其境的感觉。当时我还不清楚这是怎么一种画法，但是这幅画特别有层次，光照感很好，社会主义建设欣欣向荣、蒸蒸日上的氛围跃然纸上。从此杭鸣时先生的名字就在我的心里留下来了。

姜　是因画识人。

柳　对，《工业的粮仓》是我们认识的媒介。20世纪80年代中期我参加杭州的一次水彩画展研讨会，第一次遇到杭先生本人，感觉他气度不凡，艺术家的气质流露无疑。我当时比较年轻，虽然很肤浅却还是夸夸其谈。研讨会结束后，杭先生走过来对我说，他刚才很认真地听我发言，但是一直没有听懂什么内容。第一次见

---

[1]柳新生，中国著名水彩画画家。

面他就如此刚正不阿,直言不讳。真诚坦率,绝不虚伪,这是他给我的第一印象,内心的敬仰更多了一些。

姜 您经常外出写生,有和杭老师一道去写生的经历吗?

柳 我一年四季大部分时间都沉迷于写生。和杭先生一道写生的经历印象很深刻,他有一种发现美的特别的灵感。有一次,浙江美院组织我们一批画家去西施庙写生,大家都在拍庙和西施造型,他就拍西施庙里面的几块石头,他说这两块石头挤在一起,特别像两个裸体的人抱在一起,在太阳光照下栩栩如生。

姜 杭老师的粉画人体堪称一绝,您从中有哪些启发?

柳 杭老师的粉画人体是对生命之美的一种歌颂。因为崇尚生命,所以他画得非常仔细,用他的话说,要画得很到位。我们有时候跟他开玩笑说,你画到百分之六七十就可以停住了。他一定要磨,肤色肌肉的那种质感要非常细腻深入才罢手。人体的线条都是慢慢揉擦出来,比如画胸部,伊始是勾勒几根线,慢慢地磨,就鼓起来了。

杭先生对人体结构把握特别深入到位。我讲一个有趣的故事哦。在黄山的时候,我的一个朋友是歌剧团的演员,杭先生以她为模特画人。我这个朋友本来是穿着衣服的,杭先生却画了一个裸体的人体。他说:我画好了。我们都过去看嘛,发现他把对方画成了一个裸体。这就说明即使模特穿着衣服,他也可以画成裸体。模特的身体结构他都知道,他有透视眼镜。

姜 您觉得杭老师对中国粉画的发展有哪些贡献?

柳 杭老师来到苏州是他人生当中的一大转折点,对他粉画的发展起到了推波助澜的作用。从政府层面,到专门的粉画艺术馆,到各种专题活动,这些无疑都激发了杭老师对粉画的自信和激情。毫不夸张地说,他就是中国粉画的领军人物,他的影响和地位无人能够取代,对中国粉画的影响必将载入史册,这既是机缘巧合,也是水到渠成。杭老师到处奔走呼喊,粉画在全国呈现星火燎原的态势。杭老师要求我们安徽搞个粉画展览,我们立马行动,还来到"苏州杭鸣时粉画艺术馆"巡展,就是过来朝圣的,苏州现在是全国名副其实的粉画根据地。

我几次请他到安徽去给我们上课,每一次他都非常热情,现在一些歌星、明星出场费都很高,这么大的艺术家到我们那里去都是免费授课。只要能传播粉画,他什么都在所不辞。在教授粉画的过程中,他要让粉画的表现力达到极致。原本粉画的表现力不如油画那么丰富,但杭老师就是要让粉画达到甚至超出油画的表现力。

姜 在艺术见解上,您和杭老师有过意见相左的时候吗?

柳 有一次在黄山举办"中国水彩百年论坛",中国美协水彩艺委会的委员,包括各省主要水彩画家都参加了。所有人都是拿着发言稿念,最后杭先生慷慨陈词,他很谦虚地说,现在年轻人画的东西我看不懂,我品位已经不够格了,主要是现在年轻人观念新颖。但是如果画家的作品受众看不懂,这不是剥削劳动人民吗?我当时并不认同他的观点,所以我针锋相对地发言说,这几年全国水彩展览,新的东西太少,我就希望能够看到一些新的东西,哪怕我看不懂。看不懂不一定意味着不好,因为我看不懂,别的人能看懂。当时会场气氛原本很冷清,我们两一摩擦,气氛立刻活跃起来。杭老师一点都不介意我和他意见相左,这事也丝毫不影响我们后续交往成为好朋友。

姜 除此之外,杭老师认为画家要有基本功,可是,您却并不完全认同。你们的分歧在哪里?

柳 杭先生讲的基本功都是文艺复兴以后写实主义的大师们总结出的一套素描关系啊,这是为了那些写实艺术的东西而用的,但是基本功本身就是多种多样的、个性的。现在学校里的教学就是把那种素描关系的基本功认定为是基本功。我们应该培养学生有多种的基本功。比如什么是抽象,那盆花放在那里,我们画它的来龙去脉这是很好的一种基本功,但如果我要你画一支抽象的花,那这个抽象能力实际上也是一种功力。还有变形也是一种能力,除了造型之外还有多种多样的东西可以培养学生。不能说除了造型能力之外,其他能力都没有。这样多维度地训练学生,那么他到社会上就能发挥自己的创造力,适应工作上的需要。而不是搞花卉设计不会,搞媒体电脑设计也不会,只会画人物。主要这些方面我们有一些分歧和看法。

姜 虽然你们在艺术见解上各抒己见,但是这并不妨碍你们平时的交往和彼此的友情。

柳 当然,杭先生是一个胸怀非常宽广的人,有匪气,但能容人。

陈浩[1]：他把生命投入粉画

姜 作为杭老师在苏州的好朋友,您和杭老师是怎么认识的?

陈 我和杭教授已经认识20年了。1994年在工艺美术职业技术学校(现苏州工艺美院)的一个毕业生作品展上,他第一次给我的印象是他的个人形象有艺术家风度。接触以后,我发现他性格非常开朗,没心没肺,他的生命就是投身在艺术里,心无旁骛。

姜 杭老师留给您是怎样的印象?

陈 他给我有两大印象:第一,他对粉画艺术十分热爱,甚至是痴迷,只要一谈到粉画他就话题不断,滔滔不绝;第二,谁要喜欢他的粉画他就非常高兴。一个艺术家对一门艺术,他把全部的情感、心血,甚至是生命都投入进去,我认为这是最大的成功,值得大家敬仰。

他反复跟我讲,丁正献老师临终时曾经跟他讲过,希望他把这面旗帜给拿下来,这么些年来他非但自己不断吸取新的营养,创作了几百幅粉画作品,还不断地推动粉画事业发展。2008年,西班牙西蒙基金会来上海举办一个油画精品展,我陪他们夫妇俩用了一天的时间去看了这个展览。他特兴奋,他说亲眼看国外的油画精品还是第一次,他当场购买了一些画册,回到家后兴致勃勃地开始临摹《后宫之美》,就是展览会进场的第一幅吸引人眼球的画。他不断吸取油画的营养,提升自己的作品,这份痴迷、热爱、执着是非常令人崇敬的。我很喜欢他的粉画,有质感。特别是他的人物画非常有特色,皮肤的质感非常好,像真的一样有弹性,蕴含

---

[1] 陈浩,原苏州市人民政府副市长。

着水分。

他对粉画事业发展的执着追求,对一个艺术门类那么大的投入,难能可贵。当中国首届粉画展在苏州成功举办后,他说,他人生的一大心愿实现了,如释重负。那个时候全国的粉画队伍也就500人左右,通过他的摇旗呐喊,全国的粉画队伍扩大到两三千人,这个队伍会越来越大。

他全身心放在粉画的传承上,在培养人才方面倾注了大量的心血,通过举办一系列活动培养人才,哪怕是小学生,只要是喜欢粉画,他都乐意指导。对于一个艺术大师,这非常不容易。他对粉画事业极致的热爱,让人非常崇敬。

他的性格非常大大咧咧,根本就不考虑什么人际上的关系。违心的事情他从来不做,从来是直言不讳,这个问题怎么看他就怎么说,不怕得罪人,完全是个艺术家气质。

姜 那像杭老师这种性格有没有得罪过一些什么人呢?因为他这种直言不讳,因为他这种直性子。

陈 我想是有的。他是一个写实派,追求真善美。他不欣赏夸张丑化的怪诞的艺术,怎么看就是怎么看,肯定会得罪现在一些画家。

姜 您和杭老师在工作之外更多是朋友的关系。

陈 对。他是一个非常值得交往的朋友。他有一个聪慧过人、出类拔萃的爱子早年英逝了,我们之间就像一家人一样。平时我们经常在一起相聚,过年过节,老两口孤孤零零的那多不好,和我们在一起完全像一家人一样。我们子女回来对杭教授也非常尊重,很亲切,很自然,可以说完全是一家人。这十多年,每次春节,杭老师、丁老师都是在我们家里和我们一起过年。平时家里有什么我们都想到(他们),新鲜的菜、绿色食品、蛋糕会互相送一些给对方。我们之间的情感很真挚,他没有什么功利上的思想,所以我们在一起很和谐。

姜 您家也是住在苏州吗?

陈 对,我住在新区。我们之间就是真挚的、很亲情的感觉。不值得说什么,就是很好的朋友。

姜 你们之间就是君子之交淡如水,交往达到一定境界之后就像自己的亲人一样了。

陈 对。我是无锡人,有一次,无锡家乡人送来一些水蜜桃,我就送了一箱给杭教授。他看了这个水蜜桃很好,就产生了画画的欲望,就画了一幅水蜜桃送给了我。

这幅水蜜桃人见人爱,布局、光线、色彩都非常好,水蜜桃就像上面有绒毛的感觉,你看了口水都会流出来。这幅水蜜桃现在就挂在我家的客厅里,很多人来看都觉得很经典。我非常喜欢这幅画。

姜 您怎么看待杭老师他们这些年在粉画传承上所做的这些努力和他们现在这种一心扑在粉画上的饱满的精神状态?

陈 中国的粉画,目前是个小画种,知道的人很少。如果仅仅是个人自己勤奋地画,不去传播,不大容易扩展。他的使命就是把粉画这面旗帜打出来,高高飘扬。首届粉画展他如释重负,现在他觉得这个队伍如何进一步扩大是他的使命。所以他和其他艺术家不一样的地方就是说他是有使命感的人,他有人生目标,他的目标就是不仅我要自己把它做好,我还要把它推广出去。这种使命感非常强烈。

谈到这里,就不能不提到他的夫人。丁薇老师在粉画的传承上面,一方面是她自己也在从事粉画创作,另一方面在传播上做了大量的文字工作、联系工作。看了为纪念大播30年刚出版的一本书《杭大播——一个艺术青年的追求》,我很感动。每次逢到和他儿子有关的日子,包括生日或者祭日,他们都会搞些纪念的活动。这是一件非常伤感的事情,但是人生就是这样,他们坚强地走到今天,我觉得是艺术赋予他们的力量,赋予他们坚强的力量。没有粉画,他们可能不一定有今天这样一种状态。

姜 2003年首届中国粉画展在苏州举行,当时苏州市政府是怎么同意来做这件事情的?

陈 我们认识之后,我被杭老师对粉画的一片热忱打动,帮助杭老师在苏州职业教育中心建立了一个工作室,专门腾出教室给他作为画室。2000年、2001年,杭鸣时先后办了两期高级研修班,在全国的影响比较大,这以后他慢慢产生这样一个想法,就是培养新人以后,能不能搞一个全国性的画展。我们很认同他的这个设想,我就和时任苏州市人民政府副秘书长张旺健一起思考这个问题,包括资金的来源、展览选址、美协冠名等等。随后,我们向市长汇报了这个事情,市长刚到苏州来,他想建立文化强市,对杭鸣时的这个想法予以了肯定。接着,我们又找了当时的吴中集团赞助70万元。作为回报,首届粉画展的103幅作品由吴中集团收藏,让他们建一个粉画博物馆展览出来。

当时苏州条件还比较差,能办展的一个地方就是老美术馆,小得不得了,在沧浪亭旁边,车辆进出也不方便,平时办一些画展在文联,或者图书馆三楼。在这种情况下,有人提出异议,苏州还没办过全国性的画展,我们没有一个好的场所,条件不具备,希望等我们现在的苏州美术馆盖起来再办。但那时候新建美术馆八字没有一撇,地方都没定。最终我们考虑苏州新图书馆上面有个展厅,虽然层高矮了一点,地方也不太大,但是那个时候也不错了,就坚持把展览选址放在那里了。

最终,2003年首届粉画展得以成功举办,当时的苏州市委书记王珉等都亲自到会参加开幕式。中国美协也觉得地方政府这么支持,作品水准也很高。

姜 在2003年首届粉画展过程当中,有没有碰到什么挫折让杭老师很受打击?

陈 有一件事情杭教授觉得挺遗憾。首届粉画展以后留下了103幅画,杭教授做了很多的工作,这些画的作者才同意以每幅1200元的价格卖给赞助企业,那是很便宜的。这是很好的一份资源,原来的想法是把这个留下来以后建一个粉画博物馆把它展示出来,但是赞助企业一直没有展出来。后来造了一个"来聚楼",实际上是一个宾馆,根本没法挂画,这些画现在就放在企业那边,所以这件事情我们都觉得挺遗憾的。

姜 时隔8年后的2011年,第二届中国粉画展在苏州举行,在当时一切都顺利吗?

陈 当时有很多竞争城市,为什么苏州一提出来他们就没话说,有两个因素,一个是有杭老师这面旗帜在这里,他是领头羊;另外一个就是因为苏州市政府对文化事业、对粉画的支持和重视。连续两届全国粉画展在苏州这个地级市举办,苏州作为一个粉画的创意研究中心的地位就凸显出来了。现在苏州市政府在考虑,全国粉画展第三届、第四届我们都要办下去。

姜 第二届中国粉画展举办的同时宣告"杭鸣时粉画艺术馆"开幕,当时是如何想到筹建杭鸣时粉画艺术馆的?

陈 杭鸣时粉画艺术馆的建立,让很多艺术家都很羡慕。一个地方政府能够支持一个艺术家,建立以他名字命名的艺术馆,作为一个艺术家一生都非常有成就感。苏州市那么多画家没有建艺术馆,偏偏给杭鸣时建粉画艺术馆,很重要的原因是因为当时主要领导有这个认识,觉得值得做这件事情,所以能够力排众议。任何地方的文化建设必须要有领头羊,要有旗手。杭鸣时这个旗手很难得,这个人才很难得,别的地方都争不到。对于中国粉画的发展,上海起点比我们高,市场比我们大,但是上海没有一个领头的人,没有一个真正的旗手就树不起旗帜。上海粉画人才不少,他们也想搞,但他们没有人能牵头组织起来。在全国一提杭鸣时,就是粉画的一面旗帜。他是粉画大师,也是粉画传播大师,能担当得起粉画的这一面旗帜,具有这么大的影响力。

这个展览馆原来是沧浪新城搞的一个文化设施。当时在政府会议上讨论决定,由政府来租这个房子,免三年租金,请一家企业来赞助装修。同时作为苏州市公共文化中心的下级试点单位,叫"杭鸣时粉画艺术馆"、"苏州粉画艺术院",两块牌子,一套人马。

随着历史的推移,充分证明这件事做得完全正确。有了这个平台以后,粉画活动越来越频繁,每月在艺术馆都会举办大师面对面活动,还有各种粉画邀请展。这个粉画平台越来越得到业内人士的赞赏和支持,所以我觉得这件事情今后要进一步发展下去。苏州市政府、社会各方面,包括院校都应该大力支持,比如说,苏州大学可以将粉画列入学习课程,可以申请办粉画博士点,进一步培养高端人才。苏州作为一个粉画基地,首先自己的粉画队伍要强,要成为名副其实的中国粉画创作研究中心。苏州要思考如何把这张名片用好,使粉画艺术在全国进一步繁荣发展。

姚殿科[1]：一日为师，终身为父

姜 您在初中第一次见到杭老师来上课还有印象吗？

姚 有，一辈子都忘不了。那时候我上鲁迅美术学院附中考前辅导班，杭老师教水彩。当时我觉得杭老师很帅，那时候我们都是天真烂漫的小孩，喜欢帅老师。

姜 您那时候多大？

姚 我16岁，在回民中学读初三。夏天就要考鲁迅美术学院的附中了，春天的时候，杭老师来给我们上课。当时对他的第一印象就是他长得很帅，大眼睛，特别有神，我们都非常崇拜他。我本来是怕老师的，但是见面的时候觉得他很亲切，说话也很风趣。

姜 杭老师第一堂课讲的什么？

姚 杭老师第一堂课给我们讲述的两个观点我现在还记忆犹新。第一，绘画要面向生活，用真情实感来画画。第二，要培养自己对色彩的观察能力，对色彩的感受能力，对色彩的表现能力。怎样培养色彩观察能力？第一个方法是要把眼睛甩出去看，就是一眼看过去大面积的重点色彩。说着他就瞪大眼睛，我到现在都忘不了他当时的表情。第二就是浏览式的看，转着眼睛看，他的大眼睛滴溜直转，逗得我们哈哈大笑。当时觉得这并没有什么了不起的，现在看来却是非常有意义的。这两个最基本的观察方法一直到现在，我还在实际创作中用到。杭老师说，绘画当中不可以没有主观，但是客观地观察图形这个基础特别重要。善于观察需要好眼力，眼力是一个大学问，就像雷达一样地去搜索，在搜索的过程中互相比较，这

---

[1] 姚殿科，鲁迅美术学院副教授。

种比较要按照系统进行。

　　杭老师的方法主要有两种，一种是包围法，就是明部、暗部形成一个整体构架，注重造型角度、色彩角度，特别是光的角度；第二种是推拿法，把亮度先拉起来，把暗部推进去，然后确定中间色，中间色是最关键的，形成一个整体构架。讲完这些理论之后就是绘画欣赏。当时他带了在宽甸绘制的30余幅水彩风景写生，这些画是他在下乡时候用一周时间画完的，平均每天画5张。这个数字让我们很惊奇。其中有一幅画，是一辆汽车在山路上跑，太阳光照在汽车玻璃上面反光，感觉到非常晃眼睛，当时觉得简直太神了。上午的课程结束后，我们就围着他不想让他走，因为我们还没听够。

　　第二次，我们这些培训的孩子有一个集体活动，需要一个学生代表发言。杭老师点名让我准备那次上台发言。因为头一天晚上我踢盒子玩，把鞋子踢坏了，裤子也踢破了，所以就把我哥哥的风衣穿上挡住裤子。他见到我拽着我的耳朵说，"这小子，我请你上台发言，你怎么穿件风衣？"时至今日，每每稍有懈怠，我就仿佛见他站在我身后捏着我的耳朵提醒我。

　　后来我稀里糊涂考上了东北美术专科学校附中（后更名鲁迅美术学院附中）。考上之后我和杭老师的关系一直很好，虽然他没有教我，但是每隔几天他都会到我寝室来看看我，他画画我也经常跑去看，临摹他的水彩画。那时杭老师给学生上人体结构素描课，半墙都是动态的人体基本造型结构，每每让学生佩服得五体投地。尤其他作画的速度，更让我们瞠目结舌。杭老师的人体画非常流畅，动态把握非常准确，人体的动态美呼之欲出。这背后的基础就是大量的人体写生。如果杭老师没有大量的人体写生基础，可能就没有今日的成就。

姜　你为什么那么喜欢杭老师？

姚　他是一个可敬、可爱的性情中人，从来都不掩饰自己的内心，喜怒哀乐溢于言表。从这个角度来讲，他是真人，不虚假，不虚伪。画家一定要有这样的性格，才能到达大师的级别。我们特别愿意跟他接触，即使闲谈几分钟都是一件幸福的事。现在有的美术学院老师公开的观点就是，老百姓爱看的画多俗气，杭老师却能坚持为人民服务的观点不动摇。

　　我们入学的时候杭老师不爱让我们行礼，说我们挺大个儿问好就行了。一日为师，终身为父，所以我们这次来苏州集体给杭老师行礼，又重新拜师。

姜　您和杭老师还有哪些印象深刻的交往？

姚 杭老师培养了我们喜欢看展览的习惯。1957年,我上附中二年级,去北京看俄罗斯四十年美术展,偶遇杭老师。我住在我同学张文简的姐姐家,杭老师让我跟他走,去住中央美院的学生宿舍。我乐坏了,每天可以不必跑路了。美院的宿舍非常简陋,就是一个床单铺个床,杭老师把原本做枕头的床单让给我铺床,出去捡两块砖头,一人一个做枕头。第二天早上我们一起吃好早点就去看展览。那几天,杭老师拿我当弟弟,成天领着我,走路时提醒我靠边行走,注意车辆,在展馆临摹时,我是最小的作者,他不断地鼓励我。

1962年,国家文化部庆祝与英国建交,由辽宁美术家协会主办了一个英国水彩画展览,在沈阳工业展览馆的大厅展出。杭老师临摹英国水彩画《海滩上的旧船壳》的神情我至今还记得。正是他对临摹的这份专注和热情一直影响着我。

姜 您后来在辽宁出版社工作,和杭老师有哪些接触?

姚 "文革"时期,学习毛泽东思想,工农兵占领上层建筑,工农兵占领文艺舞台,很多工农兵学画需要专家辅导,杭老师是当时最活跃的一个人,挨斗是挨斗了,但是这个事情还是得做,而且他做得还非常投入,办各种学习班,特别是水彩班,尤其是年画班。当时,杭老师的年画,在我们出版社是重头戏。出版社认为工农兵最喜欢杭老师的画,有人民性,就让杭老师去辅导擦笔水彩年画。擦笔水彩年画从题材范围上表现的是现代生活,中国的神话故事、人们代代相传的美好事物等。杭老师每年举办年画创作班,他的学生当中也会出现一批好作品,杭老师对东北擦笔水彩年画的贡献有目共睹。毫不夸张地说,这个画种就是他一手培养起来的。这些曾经画年画的作者没有一个忘记杭老师的,黑龙江、吉林、辽宁、河北每个省都有几个画年画的亮点作者,每次我从苏州看望杭老师一回去,他们都会向我打听杭老师的情况,对杭老师的尊敬之情溢于言表。

姜 杭老师的《擦笔水彩年画技法》当时是怎么编辑出版的?

姚 当时我们编辑《擦笔水彩年画技法》这本书做预算时,一开始预估会赔钱,后来的事实证明我们当时的判断完全失误。现在看来应该开本再大一些。别看这本书小,但是作用特别大。很多名家都是看这本书来跟杭老师学擦笔水彩年画的,这本书就是一代又一代人学习擦笔水彩年画的启蒙教科书。编这本书的时候我去上海考察,也有幸看到李慕白先生和夫人,在杭老师家看到杭老师母亲。

姜 您怎么看待杭老师的艺术主张?

姚 杭老师和现代派的一些主张做斗争,他是一面旗帜,时刻指引着我们在艺术道路上前进的方向。杭老师提倡雅俗共赏。贬义的俗是俗气,格调低、艺术含量低,形式也满足一般的低下的趣味。但杭老师的"俗"实际上在艺术上是真正接地气的人民性的一种转换。

杭老师的学术基础是学院派的,他的作画方法、程序和理论基础来自于西方美学。杭老师创作群众所喜闻乐见的擦笔水彩年画,是把家学和学院派结合起来,把西方绘画的元素作为一种造型基础纳入擦笔水彩年画之中。比如,画传统年画的美人头像,观众无论走到哪个角度,都会感觉人物的眼睛在凝视你,和你对话。创作《草原铁骑》时,从内容和形式上都有突破老一辈上海年画家的层次,把人物的刚劲糅和进去,刚糅并济。大家喜欢得不得了,再版、再版又再版。再版是什么意思呢? 就是人民群众喜欢,工农兵喜欢。

姜 您现在也画粉画,是怎么走上粉画创作道路的?

姚 杭老师调到苏州以后我们基本上失去联系了。2000 年我退休后,杭老师给我写过一封信,说他要振兴粉画。我隐约感觉老师是在发动我来学习粉画,可是我当时不理解他水彩这么好,干吗画粉画。而且,我之前是学习油画的,所以我就没太在意。之后,杭老师每年都会给我寄一些粉画作品的光盘,研讨会的光盘。但是我一直没有想明白,我也不可避免地在思想上受到当代思潮的影响和冲击。

有一次,在我很困惑的时候,杭老师给我打电话了,杭老师很直截了当地说,你不要跟在当代派的屁股后面跑,你 70 来岁了,他们才 20 来岁,你体力上跑不过人家。你就画你 70 年的艺术取向、审美取向,画你 70 年的文化修养。画如其人,你又不吃喝嫖赌,俗也俗不到哪去。你看很多当代派画家,他们找的媳妇都挺漂亮,可是作品里的人物都是丑陋不堪的。他们的艺术观和人生观是互相矛盾的。我有种醍醐灌顶的感觉,画如其人,你就画你,画真善美。杭老师的话点醒了我,从那以后我就不再东一榔头西一棒了。

杭老师建议我读王国维的《人间词话》,而且把书也寄给我了,说画画不是照葫芦画瓢的,不是完全外在的现象问题,而是内在对美的认识。艺术的本质是境界,应该在意境上下功夫,不要在样式上花时间。于是,我仔仔细细花了一个月时间读完了王国维的《人间词话》。杭老师又打电话问有什么体会,鼓励我重新把画笔拾起来。那时候我退休两三年了,我也开始画画,可是我的精力都是放在好多学校上课。我就给杭老师邮去了几幅作品,杭老师看完以后,给我打电话,说鲁美有几个姚殿科,我说就我一个,他说那怎么画成这样了? 他不满意。他说你不是这个水平。杭老师批评的时候绝不讲一团和气,意见很尖锐。

随后,老师又给我寄来黄河清的《艺术的阴谋》、钱海源的《解读巫鸿》等著作。但是我的粉笔画还是没有开始动手。过了一段时间,杭老师又给我打电话,建议我画粉画,我就顺水推舟,说好的,有空我也画,因为正好有人给我买了一盒一百支的色粉。隔了几天,杭老师打电话催促我赶紧动手,我实在被逼上梁山了,就画了一张,结果在全国美展被筛下来了,我很难过,就想还是画我的油画吧。

苏州举办第二届全国粉画展时,杭老师又鼓励我画,我又画了一幅。结果第二次又被筛下来了,我的心里就一点希望都没有了,事不过三,再画一幅,又落选了,那怎么交代呢,不画了。我准备把这画处理掉,我就安心画油画吧。

2013年春天,他又打电话过来了,让我把作品送过去参加2013苏州粉画邀请展,并给我写了一封亲笔信,邀请我来苏州参加粉画展。我硬着头皮来了,发现自己不是最差的,我心里面来劲了。研讨会上大家互相鼓励,丁老师问我,你还后悔不?我后什么悔啊。我最起码没给杭老师丢脸。

今天我还带了杭老师另外4个学生一起来了,我还给他带来个意外的学生,就是我女儿。我女儿也没画过粉画,她也不大愿意画,我逼她一下,她就画了几张,杭老师看了不断鼓励她,还不忘鼓励我们。前天我们几个人一起集体给杭老师行礼,一日为师,终身为父,我们又重新拜师。没有杭老师就没有我们的粉画,绝对没有。而且,这粉画反过来还能作用于油画。我迟钝啊,他教我已60年了,他拉着我画粉画已经是14年了,我迟迟才被拉进来。

姜 杭老师还特意给您写了一封亲笔信,内容是什么?

姚 很简单,大意就是这次邀请展请你一定要过来。我害怕红着脸回去,真的不敢过来。所以我在邀请展的研讨会上说我没有发言权,就是心态非常平和、稳定地往前走,我们也不争啥,就是好好画粉画,让老师没白教我们一场。我画粉画是赶鸭子上架。杭老师的夫人丁老师就说,你有油画基础,粉画愿意怎么画就怎么画,因为我们这个岁数说不能画就不能画啦!所以想在有生之年把我这个画往前走一走,让我恩师看到我没有白学,我也不想争什么名利。就按丁老师说的,愿意咋画咋画。佛家不是说无障碍才能大智慧吗!

姜 您怎么看待杭老师对于粉画的执着追求?

姚 中国必须要有粉画,中国必须得有高端粉画,在这个群体当中老师就是一杆旗帜。我们对艺术有自己独特的看法,不是谁能左右的,艺术是多种多样的,艺术有鲜花也有毒草,虽然我们对毒草的态度不像过去那样一棒子打死,但我们追求拥有正能量的艺术,所以我们愿意追随老师共同为振兴粉画出力。在杭老师的带领下,将粉画打造成中国当代先进文化的组成部分。

姜 您认为杭老师从水彩画到年画再到粉画这三个不同的画种,这些年他画画的风格有哪些变化?

姚 杭老师家学渊源,把家学和学院的学术结合在一起形成了个人的风格,另外他个人的审美取向在年轻的时候和中年时代、老年时代是不同的。他中青年时是比较艳丽的风格,老年时代,我看他的画就比较厚重,简练概括,完全可以和油画媲美,技术已经达到炉火纯青的地步。乍一看啥都没有,仔细一看啥都有,但是又没有那么直白,要是那么直白就没有力量了,艺术有时候还得含蓄,有意境,给人一种想象空间。

学院派比较讲究章法、规律和具体的法则,最大的弱点是脱离群众,但是杭老师的画是充满了生命的,不管哪个阶段他都坚持着自己的总体风格,就是接地气,接生活。他的成名作《工业的粮仓》,就是当时提倡的现实主义和浪漫主义相结合。毛主席说的浪漫主义就是要幻想,现实主义就是要接地气。晚年他的肖像画,他能把人的神情融入自己的艺术作品里面,完整地展现人的灵魂,展现真善美,他的作品是雅俗共赏的。你说赵本山的小品俗不俗,太俗了,但是在俗的过程中他接了老百姓的地气。画画也是一样,老百姓喜欢的俗是高尚的,是接近民众的,也就是一种高雅。俗和雅是连在一起的。

作为一个画家,写生能力是个基本能力,现在画家普遍缺乏写生能力,我自从拿了照相机以后就很少写生了。杭老师虽然也不是每张画都写生,但是以前写生积累得比较多,所以他观察的事物比较多。他现在拿一张照片画,不会被照片给局限死,照片只是做参考,但是画出来的作品和真的写生无二。京剧演员练一个朝天凳,把脚抬起来,变成垂直角,一只脚站着,你要没有几年的工夫,还得从童子功开始练,不然你是绝对办不到的。真正的大师必须在过程当中行走。

包于飞[1]：他是粉画实践者、引领者、指导者和教育者

姜 您怎么看待杭老师在粉画领域的贡献？

包 《美术博览》做过几期杭鸣时和他的粉画沙龙。杭老师毫无疑问是这个粉画沙龙的核心。上海有很多著名的画家，他们一直也是在画粉画，但是大都没有把粉画当作一种专门的创作来看待。我觉得绘画最后应该呈现的一种状态就是我想怎么画就怎么画，因为绘画是表现艺术家本身的一种内心感受，我愿意怎么样表达我就怎么样表达，绘画只是他表达和传播的一种工具。杭老师的粉画作品传递的就是这样一种感觉。在我国粉画艺术教育领域，杭老师是一个执着的实践者、引领者，同时又是一个热情的指导者、教育者。他倾心教育、帮助、推荐年轻的艺术家，为使我国的粉画艺术融入世界艺术大家庭而不懈地努力着。

姜 在和杭老师夫妇交往过程中，有什么事情令您印象深刻？

包 和杭老师伉俪交往过程当中，有很多事情令我很感动，包括他们自身坎坷的经历，对命运的顽强抗争，在中年痛失爱子之后还能如此坚强豁达地面对人生，全身心不计较任何名利得失投入到粉画传承事业中。我们杂志要做"杭老师和他的粉画沙龙"这一个专题，丁老师不仅翻箱倒柜帮我把照片一张一张找出来，逐个将每篇文章和相对应的图片整理好，而且把全国粉画家的资料用纸笔一五一十详尽地写出来寄给我，包括每个画家的地址、联系方式、多少幅作品等。她还要负责帮人家把作品转来转去，万一作品有个遗失，这是最费力不讨好的事情，可是她乐此不疲。如果不是完全出于对粉画的发自内心的热忱，这是不可能做到的。

---

[1] 包于飞，《美术博览》执行主编。

附录

粉画人生
(纪录片脚本)

【解说词】

苏州古城郊外,古老的运河之畔,屹立着一座造型别致的建筑。这是苏州唯一一座以健在的艺术家命名的公共艺术馆。

【杭鸣时同期声,现场】

这个小嘴撅着,头发披着,把这个形象弄好了以后……

【解说词】

正在给孩子传授绘画技艺的老者,就是杭鸣时。他正在讲授的画法(种),叫粉画。这是中国绘画艺术中一支不算主流的画法种,但杭鸣时却准备为它的传承奉献终生。

【杭鸣时同期声,现场】

我就把它整个一个过程让你们都能看到。

【杭鸣时同期声】

一辈子很短暂,能活一百岁,已经算是百岁老人了,能做一点是一点,那么能够给这个世界留下一点痕迹,给人民有点贡献,那也算尽到我们一份心力。

【解说词】

杭鸣时出生于绘画世家。他的父亲杭稚英是名震沪上的擦笔水彩月份牌的创始人,被誉为"现代商业广告之父"。中国人耳熟能详的阴丹士林布、"美丽牌"香烟、杏花楼月饼、冠生园等商标,就是出自杭稚英之手。

【解说词】

幼年的杭鸣时就是在父亲的"稚英画室"里玩耍成长,耳濡目染中,培养了对绘画的兴趣和热爱,也表现出极高的天份和悟性。

【解说词】

高中毕业后,杭鸣时在父亲的"稚英画室"里,开始接触商业广告和新年画。杭鸣时的祖父一心希望孙子能继承父业,从事商业广告的创作和经营。然而,年少的杭鸣时,却对父亲画室之外的艺术天地充满了向往。

【杭鸣时同期声】

那时我偷偷地进去考了浙江美院,浙江美院居然考试完后还录取了,我当时去不了,后来一年以后我还是走不了,我就参加了"土改"。"土改"以后,我就觉得前途渺茫,我就去考鲁艺,当年那个中央美院没有招生,一下就考到东北鲁艺去了。

【解说词】

鲁迅文艺学院正统的学院式教育,为杭鸣时日后的艺术创作奠定了扎实的基本功,杭鸣时因成绩优秀毕业时留校任教。

【杭鸣时同期声】

当时的水彩画,我们南方的传统的西方的多一点。到鲁艺去,(从)苏联学的,他们的水彩画(画)得比较干,另外小笔触比较碎,我就觉得水彩画的特点晕化的作用,没有西方的精彩。再加上看我父亲画的擦笔水彩年画,他们也是画得很痛快的。

【解说词】

融合了父亲的擦笔水彩技法,杭鸣时的画作显示出与众不同的质地。但他并不满足,而是更自觉地遍访名师、博采众长,并潜心钻研西洋水彩画的风格,兼收并蓄,开启了当时中国水彩画创作的新路。

【杭鸣时同期声】

到井冈山画《闪闪的红星》搜集素材,当时已经"文革"以后,已经七八年没有画画了,所以到那里去我也挺卖力气的,画了好几十张。其中这张是比较满意的,就是红军井冈山朱总司令培养机枪手的一个尼姑庵。这张出来以后,影响更大,上海出来以后,有很多学水彩画的当时年轻画家,说我这张画(他们)都临摹过。

【解说词】

在那个年代,水彩画创作题材大多是小品、风景、景物、头像。杭鸣时在临摹了一些英国水彩画以后,觉得可以不受此局限,而采用重大题材来入画。

【杭鸣时同期声】

在(抚顺)露天矿,他们下去,我也下去下三千米深的坑道里面去,那个露天矿的气势非常宏大。我就坐在那里准备要画它,一部分一部分的,我用速写小水彩画了这么小的一张,把那个整体色彩记录下来,就在家里创作一个多月。

【解说词】

以抚顺露天矿为题材创作的《工业的粮仓》,凭借宏大的气势、壮阔的场景和精到的刻画,让人耳目一新,被同行誉为"百年经典"。1964年入选当年全国综合性美术大展后被中国美术馆收藏,改写了中国美术馆只收藏油画、没有水彩画位置的历史。

【解说词】

然而,就在许多人以为他会在水彩画道路上继续走下去的时候,1962年的一次回上海探亲,却改变了杭鸣时绘画创作的方向。

【杭鸣时同期声】

我姨父跟我特别近乎,他觉得我在鲁艺学的话,也可以试试粉笔画,送了我两张带羊毛绒的进口的粉画纸,还有"铁锚牌"粉笔。

【解说词】

这些粉画工具,后来一直在杭鸣时身边被他当宝贝似地珍藏着。和它们一起被珍藏的,还有这幅粉画肖像。画面上的女子是杭鸣时的母亲。这是杭鸣时母亲30岁生日时,由姨父李慕白亲手创作的。

【杭鸣时同期声】

我姨父为我母亲画的时候,更早,我还没有看到,我看到的是现成的。看到我母亲这幅画,能够想到过去在画室里面(的情景),而且觉得粉画特别有魅力,想到当时的这种情景,这幅画也成了我要投身于粉画的一些启蒙的东西。

【解说词】

从上海回到沈阳的杭鸣时,舍不得动用李慕白送的大张的法国粉画纸,就买来些小张的砂纸,利用零星的时间小试牛刀。可是没有想到,一接触粉画工具,他就被粉画的表现力所吸引。粉画饱和的色彩,几乎可以表现各种质感,这让杭鸣时一发不可收。

【杭鸣时妻子丁薇同期声】

那么市面上买不到大的嘛,他就自己做。在一张纸的上头,刷一层胶,然后买的那些细的沙,就拿一个筛东西的筛子往上面筛筛筛,筛完因为上面有胶嘛,就把沙子粘上了，然后等胶干了，他就把上面没粘上的掸掉，就成了一张砂纸。就制作了这样一张砂纸，画了一张大的粉画。

【解说词】

就在杭鸣时沉浸在粉画创作的乐趣之中时，命运之神却让他们承受了人生中最不能承受之痛。1983年，他们唯一的爱子，毕业于中央工艺美术学院留校任教的杭大播不幸因病去世。

【杭鸣时同期声】

当时我已经50岁左右，我儿子就白血病去世，我是完全没有思想准备。脑子真空了，一天到晚坐在那里发呆，根本动不了笔画画了。

【解说词】

在痛失爱子的悲伤中沉寂了一年之后，杭鸣时夫妇告别生活了33年的沈阳，来到了苏州。从这时候开始，他们把粉画当作另一个孩子，开启了粉画人生。

【解说词】

1984年，杭鸣时的粉画《泳装少女》一鸣惊人，在第六届全国美展中获奖，开创了粉画入选全国美展之先河，将粉画在中国艺坛的地位推上了一个新的高度。画中的少女皮肤真实、柔和、细腻得就像有温度、会呼吸一样。杭鸣时的秘诀，是将色粉画大师德加的笔触法与父亲的擦笔水彩技法结合起来，运用"粉画揉擦法"，将粉画的表现力发挥得淋漓尽致。

【杭鸣时同期声】

粉画的色彩比水彩要饱和得多，有分量得多，另外它要画虚的要画实的，画在那个有肌理效果的纸上，那个表现力潜力无穷，水彩都达不到的。油画达不到的，粉画也能达到。而且在这个实施的过程当中，要实的就留下笔触，要虚的就用手一抹。虚实关系，掌握画面的关系，这个粉画有特殊的魅力。

【解说词】

粉画在20世纪初由李超士从法国传入，很快风靡上海滩。抗日战争爆发后，粉画跌入了谷底，加上国内当时没有生产粉画工具的厂家，粉画远不如油画、水彩那么普及。新中国成立后，粉画艺术一直面临着后继乏人的问题，这成了许多致力于粉画传承的艺术家挥之不去的一块心病。

【解说词】

一个偶然的机会，一直殚精竭虑振兴粉画的浙江美院教授丁正献先生见到杭鸣时,两颗热爱粉画艺术的心相遇了。

【杭鸣时同期声】

第六届全国美展的时候,我跟丁老师同时被聘为全国美展的评委,他就握着我的手说,我们两个今后要多做努力。

【解说词】

从此以后,杭鸣时基本上放下了原本大有所成的水彩创作,而专攻粉画。一方面,他要用自己的作品来证明粉画这个小画种所具有的潜在魅力;另一方面,他要积极配合丁老先生,利用一切机会宣传粉画,发动和组织更多同行来参与粉画创作。

【解说词】

1998年,杭鸣时的《柯桥夕照》在美国第26届粉画展览上荣获"金奖",成为继颜文樑先生的粉画《厨房》1929年在法国获奖后,第二(位)获得国际大奖的中国(粉)画家。夕阳温暖的余晖、黝黑的屋顶、斑驳的墙面、河里咿咿呀呀的小木船、河边三三两两的男女……一个迷人的黄昏,讲述着古老的故事。

【杭鸣时同期声】

《柯桥夕照》这幅画是美国的有个(中国)台湾籍的旅美的画家,到中国来办画展,他问我要一张画,他也送我一张画,这张画我送给他了,就叫《柯桥夕照》。结果他觉得我这个水平,可以参加美国的粉画展,(征得我的同意后他)拿去参展,结果引起了那些美国评委的注意,觉得东方色彩特别浓厚,另外粉画的特点也强(结果评了个金奖)。

【解说词】

那以后,他的粉画《山城》《水乡蝉声》先后入选第27届、29届美国粉画大展,获专业画家联盟颁发的"优秀画家奖",被誉为"今日中国粉画巨子"。接踵而至的各种荣誉,奠定了杭鸣时在国际粉画创作领域的影响和地位,他成为美国粉画协会会员、国际粉画协会会员,后来的参展作品获得免审的资格。

【解说词】

在杭鸣时的《经典色粉画》一书里,著名国画家宋雨桂称赞道:"鸣时粉画天下一绝,纵观画坛无出其右者。"然而,杭鸣时并没有停留在自己的粉画世界里流连忘返。2000年春天,一生致力于传播粉画的丁正献先生在弥留之际用颤抖的手给杭鸣时写了一封信,希望他继续扛起振兴粉画的大旗,带领中国粉画艺术走向更广阔的天地。

【杭鸣时同期声】

他就是一直在申请要办全国粉画学会,报告打了三四年了,要求很多,必须在北京,必须主办的人多少年纪,必须有多少队伍,很多条件一时达不成的,他做了很多都没有办成,他在去世前一直遗憾没有把这件事办成。我也是本着办得成我就办,办不成我尽量努力就是(的想法)。

【解说词】

为了把粉画的种子撒播到四面八方,杭鸣时在苏州举办了三期粉画研修班之后,开始在全国各地为传承粉画奔波。

【解说词】

在他和粉画同行的共同努力下,粉画爱好者和创作者逐年增多。这时候,杭鸣时又把举办全国性质的粉画展提上了议事日程。

【杭鸣时同期声】

丁老先生为了提倡粉画,拿了个箱子全国收集来那些作品,粉画容易碰掉嘛,他在全国办了70多次。所以我觉得他的精神非常值得学习.但是现在这个社会这样做,影响力还不够大,所以我立志于搞一个全国的震动大一点的(画展)。

【解说词】

2003年4月,"中国首届粉画展"在苏州市图书馆如期开幕。这是中国粉画的第一次全国性大型正规展览,展出的150余件作品是从全国各地送上来的1300余件作品中遴选出来的。在这次展览中,还展出了国际粉画家和中国已故粉画家的作品。整个展览的作品之多、质量之高都出人意料。

【解说词】

8年之后的2011年,杭鸣时再次促成中国美协和苏州市政府举办了"第二届全国粉画展",并于同日举办杭鸣时粉画艺术馆暨苏州粉画艺术院揭牌及捐赠作品仪式。有了这个艺术馆,杭鸣时感觉就像粉画艺术有了自己的家,他把这里视为自己培养粉画艺术传承人的港湾和基地。

【杭鸣时同期声】

最后还有几年活头,实事求是讲,还是时间有限的。有很多人就是说走就走了,所以我就觉得在这个年纪当中,我觉得我有责任做些力所能及的事贡献给粉画。

【解说词】

2012年9月,杭鸣时粉画艺术馆举办了"杭鸣时·丁薇伉俪粉画展"。他把粉画技艺与人生思考融为一体,在粉画纸上汪洋恣肆地展示出他对生活的理解,就像他在《阳光共享》这幅画里表达的那样。

【杭鸣时同期声】

阳光是最大公无私的,宫殿里面它可以照射;富贵荣华,它能够照射;穷乡僻壤,它也无微不至地关怀。

【解说词】

杭鸣时用令人叹为观止的粉画作品和对粉画的一片赤诚热爱,树立起传承粉画的一面旗帜。如今,全国的粉画作者已经从2003年的800多人增加到3000多人,粉画呈现出星火燎原的蓬勃发展态势。然而,欣慰之余,杭鸣时却并不满足。

【杭鸣时同期声】

在见马克思以前,能为粉画做一点事情,多培养一个学生,多画一张画,多做一点力所能及的事。

杭鸣时年表

1931 年
　　出生于上海。

1946 年
　　在上海张充仁画室练习素描。

1950 年
　　在稚英画室随李慕白、金雪尘先生学画及工作；加入上海市美术工作者协会。

1951 年
　　参加上海文艺界土改工作队赴皖北土改。

1952 年
　　考入东北鲁迅文艺学院美术部绘画系学习。

1955 年
　　被评为优秀学生提前毕业留校任教。

1956 年
　　水彩画《维族老人》入选全国青年美展获三等奖；毕业作品《解答》出版。《移花接木》钢笔画插图出版。

1957 年
　　水彩组画《夜航》入选解放军建军 30 周年美展获三等奖，作品由军事博物馆收藏。

1958 年
　　为长春电影制片厂绘制的《火焰驹》《炉火正红》《我们村里的年轻人》《金

玉姬》《红领巾的故事》《徐秋影案件》等电影海报出版发行。

1962 年

在浙江美术学院油画系、版画系进修。

1964 年

水彩画《工业的粮仓》、宣传画《继承革命传统,做红色接班人》、石版画《长缨在握》入选全国美展。

水彩画《工业的粮仓》被中国美术馆收藏后被录入《中国美术馆藏画集》第一卷,1993 年入编《中国新文艺大系 · 美术卷》。

宣传画《继承革命传统,做红色接班人》被中国美术馆收藏(以上宣传画被黄镇大使订购 2 张,复制后,一张陈列于中国驻法大使馆,另一张参加由对外文委组织的国外巡回展)。

1965 年

年画《草原铁骑》出版,首版印刷 180 万份,创年画在"文革"前发行量之最。

1976 年

为柯棣华纪念馆创作油画《柯棣华奋不顾身救战友》。

1977—1979 年

应辽宁、吉林、黑龙江、安徽、广西、山东、四川、天津、重庆等省市出版部门的邀请到各地举办年画创作培训班,培养了一批年画创作骨干。

1978 年出版《闪闪的红星》年画四条屏(与贲庆余、顾莲塘合作)。

粉画《为国争光》发表在《美术》杂志封底,主编何溶发表评论该画的文章,1985 年,《为国争光》编入《中国新文艺大系》,2008 年又录入《改革开放 30 周年》大型画册。

1979 年

专著《擦笔水彩年画技法》一书出版。

辽宁年画学会成立被选为副会长。

水彩画《井冈山》等被中国对外展览公司组织赴扎伊尔、朝鲜、希腊巡回展出。

1980 年

应中央美术学院邀请,在年画连环画系辅导研究生,并在中央美术学院陈列馆举办月份牌年画展。

1984年

粉画《人物》入选"第六届全国美展",被评为优秀作品,开创粉画入选全国综合性画展之先河,年画《反弹琵琶》同时入选"第六届全国美展"。

1985年

粉画《展》入选"全国首届体育美展",获优秀作品,并被中国奥委会收藏。

1986年

粉画《古镇初阳》入选"全国第一届水彩、粉画展"(杭州),作品被中国对外展览公司收藏。

1988年

与中央美术学院尹戎生先生合作,完成为北京协和医院动物研究所制作的外墙高温釉巨幅壁画。

1989年

为深圳《锦绣中华》微缩景观完成仿制"兵马俑一号坑",并被聘任为锦绣中华艺术顾问。

《杭鸣时粉画艺术展》在南京江苏美术馆举办,同年《杭鸣时粉画艺术展》又在合肥安徽画廊举办,并举行《杭鸣时粉画人体集》首发式。

被中国美协聘为"第七届全国美展"水彩、粉画评委(深圳)。

粉画《女人体》参展,作品为深圳美术馆收藏。

1992年

被中国美协聘请为"全国第二届水彩、粉画展"评委(徐州),粉画《老有所乐》参展。

四川美术出版社绘画技法丛书《粉画技法》出版。

同年10月赴美国加州考察交流。

1993年

中国美协成立首届水彩画艺术委员会,被聘为委员。

1996年

被中国美协聘为"第三届全国水彩、粉画展"评委,粉画《峡谷余晖》参展(北京)。

被中国美协聘为"全国首届水彩艺术展"评委,水彩画《美国国家公园》参展(石家庄)。

1997 年

被中国美协聘为全国"第四届水彩、粉画展"评委,粉画《柯桥夕照》参展(青岛)。

获国务院颁发的政府特殊津贴。

1998 年

粉画《柯桥夕照》入选"美国第二十六届全美粉画展"并获金奖,由此破格成为美国及国际粉画协会会员。

被上海粉画协会聘请为顾问。

1999 年

粉画《山城》入选美国"第二十七届全美粉画展",获美国专业画家联盟颁发的"优秀画家"奖。

被中国美协聘为第二届水彩画(含粉画)艺术委员会副主任。

2000 年

应邀赴香港地区举办粉画讲座,传授粉画技法。

成立杭鸣时粉画工作室,并举办首届粉画研修班。

被中国美协聘为"第五届全国水彩、粉画展"评委,粉画《窗前》参展(广州)。

2001 年

第二届杭鸣时粉画高级研修班于苏州开班;在沈阳举办的"全国水彩人物画展"任评委。

粉画《水乡蝉声》在美国第 29 届粉画展上获德加粉画学会颁发的优秀作品奖。

2002 年

被中国美协聘为"第六届全国水彩、粉画展"评委(上海),粉画《涛声》参展。

辽宁美术出版社出版《杭鸣时经典色粉画》。

2003 年

在苏州成功举办由中国美协艺委会、苏州市人民政府主办的"全国首届粉画展",粉画作者发展到 800 余人,且有国外粉画作者特邀参加,并在苏州大学艺术学院成立全国粉画艺术研究中心。

被中国美协聘为在福州举办的"全国小型水彩写生画展"评委。

被中国美协特邀参加在北京召开的第六届全国美术家代表大会。

2004 年

被中国美协聘为"第十届全国美术作品展水彩、粉画"评委(汕头)。

2005 年

在苏州大学艺术学院举办第三届粉画研修班;应邀在家乡海宁举办"杭鸣时故乡情"作品展。

被中国美协聘为第七届全国水彩、粉画展评委(郑州),粉画《甜》参展。

应浙江文联、浙江美协、中国美院之邀,在中国美院美术馆举办"杭鸣时·丁薇粉画作品展",并出版《杭鸣时·丁薇粉画作品集》。

邮电部出版发行杭鸣时个性化邮票16枚。

2006 年

"杭鸣时·丁薇粉画作品展"在苏州胥口中国美协创作基地举办。

"情系海宁——何韵兰·刘勃舒·何钟台·杭鸣时·丁薇·章嘉陵艺术精品联展"在海宁博物馆举办。

在北京参加"中国百年水彩画展"开幕式,展出《工业的粮仓》。

在深圳参加中国百年水彩画学术研讨会,并应邀在深圳职业技术学院艺术设计学院举办粉画讲座,传授粉画技法。

参加"上海粉画精品邀请展"。

应邀在杭州师范学院举办粉画讲座,传授粉画技法。

2007 年

被中国美协聘为"第八届全国水彩、粉画展"评委(大连),粉画《恩师李浴肖像》参展。

2008 年

"张继馨·贺野·杭鸣时作品展"在苏州文联大楼举办。

应邀赴云南曲靖师范学院传授粉画技法。

2009 年

应邀在上海大学数码学院为学生传授粉画、擦笔水彩年画技法,并被聘为客座教授。

2010 年

"粉画巨子——杭鸣时教授艺术展"在北京爱仁美术馆举办。

参加在东莞美术馆展出的全国老水彩画家经典作品邀请展,展出作品五幅,分别为:《工业的粮仓》《井冈山象山窟》《美国国家公园》《冬季返青》《披纱少女》。

被上海市文化广播影视管理局授予非物质文化遗产项目——擦笔水彩年画技法传承人证书。

2011年

被中国美协聘为"全国第二届粉画展"评委。

参加筹备由中国美协和苏州市人民政府举办的"全国第二届粉画展",并于12月16日在苏州开幕,同日举办杭鸣时粉画艺术馆、苏州粉画艺术院揭牌及捐赠仪式,向苏州市政府捐赠粉画作品68幅。

在海宁博物馆举办"情系潮乡——十人画展"。

主编出版"当代中国粉画丛书"。

2012年

央视书画频道拍摄《杭鸣时粉画教学》教学片共24集,同时拍摄了《杭鸣时艺术人生》上、下两集专题片,并于2013年9月正式在央视书画频道播放。拍摄粉画教学片时,当场写生的17幅原作全部捐给了苏州市政府。

"杭鸣时·丁薇伉俪粉画展"在杭鸣时粉画艺术馆、苏州粉画艺术院对外正式展出,杭鸣时粉画艺术馆、苏州粉画艺术院正式对外免费开放。

2013年

杭鸣时45幅作品及16块介绍杭鸣时艺术人生的图版在常州美术馆展览。

从2013年开始举办每月一次的杭鸣时"与大师面对面"粉画沙龙活动。

由杭鸣时担任策展人,邀请中国及海外23名粉画家举办"2013苏州粉画邀请展"及有国际友人参加的粉画专题研讨会,并出版《2013苏州粉画邀请展》画册及粉画学术讨论会纪要。

在上海红蔓堂举办"杭鸣时精品粉画展"。

2014年

杭鸣时艺术人生16块版面,及杭老师捐赠给苏州市政府的30件粉画精品,在江苏省苏州艺术高级中学展出,并作粉画讲座和粉画技法示范。

粉画作品《阳光共享》在中国台湾"2014第四届国际粉彩画家邀请展"展出。

粉画作品《画室》作为评委作品,在"苏州第一届粉画展"展出。

参与策展"全国首届大学生粉画展"。

参与策展 2014"国际粉画双年展"。

主编由上海人民美术出版社出版的粉画技法书——《色粉画》。

2015 年

在由天津人民美术出版社出版的《影响中国美术发展之水彩篇》一书中,发表水彩、粉画作品共 16 幅。

主编由上海人民美术出版社出版的《粉画名家临本》。

举办"'羊羊互砺'杭鸣时·丁薇伉俪粉画展"。

参考文献

著作

杭鸣时.擦笔水彩年画技法［M］.沈阳：辽宁美术出版社,1979.

马兆政.短暂人生——一个艺术青年的追求［M］.沈阳：辽宁美术出版社,1986.

装潢艺术家杭稚英.海宁市政协文史资料委员会,2002.

杨文君.杭稚英研究［D］.上海：上海大学博士学位论文,2012.

林家治.民国商业美术主帅杭稚英［M］.石家庄：河北教育出版社,2012.

杭鸣时.色粉画［M］.上海：上海人民美术出版社,2013.

杭鸣时.2013粉画邀请展作品集［M］.苏州：古吴轩出版社,2013.

杭鸣时.杭鸣时画册［M］.香港：香港心源美术出版社,1999.

期刊文章

杭鸣时.谈谈水彩画的用"笔"［J］.造型艺术,1982（5）.

杭鸣时.丰富多彩魅力无穷——浅谈粉画材质之美［J］.美术报,2013（8）.

后 记

两年前,第一次在苏州古运河畔邂逅杭鸣时粉画艺术馆时,虽是惊鸿一瞥,内心却对这个以个人名字命名的艺术馆产生了浓烈的好奇,何为粉画?杭鸣时又是怎样一个人?在苏州这个艺术人文荟萃之地,为何要为粉画这样一个画种建立一座艺术馆?感谢命运的安排,去年11月,马中红教授担纲的苏州大学新媒介与青年文化研究中心团队,邀请我加入他们承担的"东吴名家·艺术家系列"的工作,我得以走进粉画的艺术殿堂,走近杭老精彩写意的人生,感受粉画和杭老的艺术与人格魅力。

从与杭老在粉画艺术馆的第一次相遇,到这本书最后定稿,前前后后我与杭老的访谈不下十次。自诩也是"80后"的杭老,幽默豪爽的性情让我备感亲切,旺盛澎湃的精力让我自叹不如,对粉画发自内心的那份挚爱更让我敬仰钦佩。从最初半天"访谈制",到后来索性一天"访谈制",杭老始终如一,不厌其烦。有眉飞色舞时,也有紧锁蹙眉时,悲欢离合,激情四溢。我就像坐上了一台时光机器,穿梭在他的讲述中,被感染,被感动。

采访杭老的过程中,无论是在杭鸣时粉画艺术馆,还是在他们简单温馨的家中,或者在苏州科技学院的工作室,杭老温柔贤淑的妻子丁薇女士,都会在一旁耐心陪同倾听,碰到杭老不是很肯定的时间和事件时,她就会及时做一些补充。在联系杭老的学生及朋友的采访中,她考虑问题的严谨周密几乎让我忘却她的年龄。尤其后来对书稿的审定,一字一句和我仔细斟酌,翻箱倒柜地寻找配图、资料。即使在最后定稿期间,因不幸牙床松动带来咀嚼、说话的剧痛,她仍然忍受病痛一丝不苟地给予了我们采访最大的支持。她的坚韧也让我感受到这么多年支持二老相濡以沫在艺术的道路上勇往直前的力量。

这部书稿主要由两部分组成，第一部分是《杭鸣时访谈录》，第二部分是《杭鸣时：粉画人生》的纪录片脚本。访谈部分包括他人对大师的回忆和印象的采访。感谢杭老的妻子丁薇，苏州市原副市长陈浩，杭老的朋友——著名水彩画画家柳新生，杭老的学生——鲁迅美术学院教授姚殿科以及《美术博览》执行主编包于飞，是他们对采访的热情配合，使本书得以展示一个更加丰富而多元的杭老。

这一工作的完成离不开团队的合作。担任策划总监的马中红教授，负责策划执行、统筹和协调工作；担任文字总监的陈霖教授，负责把握书稿风格和文字完善；担任视觉总监的杜志红副教授，负责指导纪录片拍摄和后期制作。感谢这三位老师的无私付出，每一次在我有困惑时都能够及时相助，指点迷津，使我们的采访、写作、编辑最终得以圆满顺利完成。也要感谢整个主创团队的小伙伴们——顾亦舟、鲍鲳、刘浏，大家互相之间的鼓励和支持，让我在写作之余收获了满满的友爱。

还要感谢杭鸣时粉画艺术馆馆长葛杨，葛馆长不仅给我详细介绍了粉画馆创建的点点滴滴，每一次都耐心细致地安排好各项采访准备工作，为访谈提供了非常多的便捷。还有粉画馆的工作人员李苏婷，她总是默默地准备好所有资料、物件。令人欣喜的是，从我们第一次访谈以后，她跟杭老学粉画，她的粉画作品已经小有所成。这也是杭老身体力行，吸引每一个人创作粉画的生动注解。

感谢我的小组成员苏州大学凤凰传媒学院硕士生沈晶晶和钱毓蓓，她们用弱小的身躯扛着偌大的摄录设备，用心记录每一次访谈的精彩瞬间。还有苏州大学凤凰传媒学院的硕士生赵唯伊，认真仔细地帮我听取访谈录音，工作效率和工作质量之高让我惊叹。苏州大学凤凰传媒学院的学生刘勇然在晶晶因身体原因没法完成纪录片剪辑工作时，勇挑重担，使得纪录片的后期制作能够正常进行。

苏州大学出版社的薛华强先生是这套丛书的直接负责人，他协助我们处理了全部的编务工作，为我们的创作提供了诸多帮助。本书还得到了江苏高校优势学科建设专项的支持，在此一并致谢。

姜红

2015 年 1 月

主编　田晓明

田晓明，出生如皋，旅居苏州。心理学教授，任教于苏州大学，现任副校长。

副主编　马中红

马中红，江苏苏州人，苏州大学传播学教授，从事媒介文化、品牌传播研究。

副主编　陈　霖

陈霖，安徽宣城人，苏州大学新闻学教授，从事媒介文化与文学批评研究。

图书在版编目（CIP）数据

杭鸣时访谈录/姜红著.—苏州：苏州大学出版社：2016.6
（东吴名家/田晓明主编.艺术家系列）

ISBN 978-7-5672-1331-9

Ⅰ.①杭… Ⅱ.①姜… Ⅲ.①杭鸣时—访问记 Ⅳ.
①K825.72

中国版本图书馆CIP数据核字（2015）第132010号

书　　名	杭鸣时访谈录
著　　者	姜　红
出 版 人	张建初
责任编辑	薛华强
装帧设计	周　晨
出版发行	苏州大学出版社（Soochow University Press）
社　　址	苏州市十梓街1号　邮编：215006
印　　刷	苏州市越洋印刷有限公司
网　　址	www.sudapress.com
邮购热线	0512-67480030
销售热线	0512-65225020
开　　本	889×1194 1/16　印张：17.5　字数：290千
版　　次	2016年6月第1版
印　　次	2016年6月第1次印刷
书　　号	ISBN 978-7-5672-1331-9
定　　价	88.00元

凡购本社图书发现印装错误，请与本社联系调换。服务热线：0512-65225020